George Stephen Painter

Herbert Spencer's Evolutionstheorie

dargestellt, beurteillt und mit einer Übersicht über die Geschichte des

Entwicklungsbegriffes versehen

George Stephen Painter

Herbert Spencer's Evolutionstheorie
dargestellt, beurteillt und mit einer Übersicht über die Geschichte des Entwicklungsbegriffes versehen

ISBN/EAN: 9783743348332

Hergestellt in Europa, USA, Kanada, Australien, Japan

Cover: Foto ©Andreas Hilbeck / pixelio.de

Manufactured and distributed by brebook publishing software (www.brebook.com)

George Stephen Painter

Herbert Spencer's Evolutionstheorie

Herbert Spencer's Evolutionstheorie

dargestellt, beurteilt und mit einer

Übersicht über die Geschichte des Entwicklungsbegriffes

versehen.

Inauguraldissertation

zur

Erlangung der Doctorwürde

der

philosophischen Fakultät der Universität Jena

vorgelegt von

George S. Painter.

JENA
Druck von Bernhard Vopelius
1896.

Die Hauptformen des Entwicklungsbegriffes.

Die griechische Philosophie brachte zwei einander gegenüberstehende Entwicklungsbegriffe hervor, welche, in mehr oder weniger modifizierten Formen, das ganze spätere Denken beherrscht haben, — die Begriffe des Mechanismus und der Teleologie. Der Mechanismus will alle Ereignisse und Gebilde aus dem Zusammenwirken einzelner Kräfte erklären; er sucht jedes zusammengesetzte Ganze auf seine Elemente zurückzuführen und von dem Gesetze, welchem die einzelnen Teile unterworfen sind, das Gesetz des Ganzen abzuleiten. Seine Absicht geht dahin, einen genauen Kausalnexus zwischen den aufeinander folgenden Geschehnissen festzustellen und das ganze Reich der Erscheinungen als eine fortschreitende Reihe darzustellen.

Die Teleologie nimmt eine einzige Kraft an, von welcher jedes Einzelwesen abhängt; das Gesetz des Ganzen erzeugt und bestimmt das Gesetz für die einzelnen Teile. Sie strebt darnach, dem Verlangen nach Einheitlichkeit, Intelligenz und Zweck in der Welt einen Ausdruck zu verleihen.

In formeller Hinsicht geht der Mechanismus empirisch vor und findet das Merkmal für seine Beurteilung im Materiellen; die Teleologie ist spekulativ und sucht Aufklärung in den Forderungen der Vernunft; jener schreitet vorwärts, indem er die äussern Vorgänge aneinander reiht; diese, indem sie die Vorgänge der inneren Kraft unterordnet; jener betrachtet die Welt als das notwendige Resultat vorangegangener Ursachen; diese als das Ergebnis des Zweckes.

Dem Genius des Aristoteles ist es zu verdanken, dass die teleologische Theorie im Altertume triumphierte. Nach seiner Meinung geht das Sein dem Werden voran; die Gattungen sind ursprünglich und ewig[*]). Hier handelt es sich nicht um eine Entwicklung und Vorwärtsbewegung im Ganzen, sondern einfach um eine Realisierung des bloss Potentiellen vermöge der fortdauernden Unterwerfung der Materie unter die Form. Der Keim enthält eine innere Form des Dinges als seinen Zweck, welcher von Anfang an die Gestalt bestimmt. Von da bestimmt das Gesetz des Ganzen dasjenige der Teile, und die höhere Stufe enthält immer den Zweck und den Massstab des niederen. Soweit das Problem betrachtet wurde, überwog diese Auffassung der Entwicklung bei weitem bis zur Zeit der Renaissance.

In der späteren griechischen Philosophie vertraten die Stoiker (indem sie den aristotelischen Dualismus zu überwinden suchten) einen hylozoistischen Pantheismus von teleologischem Charakter. Andererseits kehrten die Epikureer zu dem mechanistischen Atomismus Demokrit's zurück. Indem das Philosophieren der spätesten Periode sich mehr und mehr vom Boden der erfahrungsmässigen Erkenntnis entfernte, lief es in hohem Masse in einen Mystizismus aus. So kam es, dass der Neuplatoniker Plotin die Welt als eine Emanation aus Gott, dem Höchsten, auffasste, dessen Werke um so weniger vollkommen werden, je weiter sie von ihm herabsteigen, bis sie schliesslich, in der dunklen Materie, in das Gegenteil umzuschlagen drohen.

Die christlichen Denker beschäftigten sich fast nur mit

---

[*]) Vergl. Zeller, Grundriss d. Gesch. d. griech. Phil. S. 170.

religiöser Spekulation. Die Gnostiker betrachteten die Welt als eine Entwicklung Gottes, welcher aus der Dunkelheit seiner untersten Wesensform durch den Widerstreit zur vollständigen Offenbarung fortschreitet.

Augustin entwickelte in philosophischer Lehre die christliche Auffassung Gottes als eines freien, schaffenden Geistes und der Welt als der Schöpfung seines Willens, worin er den einzelnen Dingen ihre besonderen Formen und verschiedenen Grade des Seins zuerteilt. Mag auch die Welt als Vorstellung im Geiste Gottes existiert haben, so wurde sie doch erst durch sein Fiat zur Wirklichkeit. Potentiell enthält der Keim das entwickelte Wesen. Die ganze Entstehungsgeschichte der Welt wird mit der Entwicklung eines Baumes verglichen.

Unter den Scholastikern suchte Erigena die Schöpfungslehre zu einer Emanationstheorie umzubilden. Von der Annahme der Realität allgemeiner Begriffe ausgehend, begreift er die Welt als eine Stufenreihe von Wesen, welche nach dem Grade ihrer Allgemeinheit angeordnet sind. Letztere, aus Gott stammend, entwickelt sich in mystischer Weise nacheinander zu Gattungen, Arten, Individuen und kehrt auf demselben Wege zum Ursprunge zurück.

Andererseits nahm Abälard an, dass allgemeine Begriffe nicht real sein können, und dass die Formen der Dinge nur als Vorstellungen im Geiste Gottes existieren. Das Einfache, behauptet er, muss seiner Natur nach dem Zusammengesetzten vorangehen. Das Dasein der Dinge bebeginnt erst mit der Schöpfung, indem ihm das Gesetz seiner Entwicklung gegeben wird.

Thomas von Aquino meinte mit Aristoteles, dass das Allgemeine als eine Realität nur in der Einzelheit existiert; es bildet die dem Dinge bei der Schöpfung gegebene wesentliche Seele, welche die Gestaltung in ihrer Entwicklung bestimmt.

Die mittelalterliche Spekulation wusste nichts von

exakter Wissenschaft, und erst zur Uebergangszeit nahm der Entwicklungsbegriff eine andere Gestalt an: von der Annahme der Thätigkeit Gottes in der Welt gelangte man zu der einer inneren Entwicklung der Welt selbst.

Die moderne Philosophie beginnt mit einer Reaktion gegen Anthropomorphismus und Teleologie und vertritt den Empirismus und eine mechanistische Auffassung der Natur. Der Hauptvertreter dieses Standpunkts ist Descartes, der allein diejenige für eine mechanistische Erklärung ansieht, welche die Erscheinung auf eine Kombination von Elementen zurückführt, deren Wesen in der Ausdehnung besteht, und deren Wirksamkeit nur durch Berührung vor sich geht. Die Wirksamkeit wird der fertigen Gestalt vorangestellt, und die individuellen Gebilde werden ursprünglich und im letzten Grunde durch den Prozess selbst hervorgebracht[*]. Die Geschichte ist ein einziger Kausalnexus, in welchem die fortschreitenden Reihen der Ereignisse mit derselben Notwendigkeit aufeinander folgen, mit welcher mathematische Wahrheiten aus ihren fundamentalen Axiomen hervorgehen. Leibniz verlegt das einfache Sein in die Monade, welche als eine immaterielle Einheit, als rein inneres Prinzip definiert wird, dessen Natur psychisch ist, und dessen Thätigkeit in Vorstellung und Denken besteht.

Die Monaden sind Mikrokosmen, welche das ganze Universum als Vorstellungen in sich tragen; sie beeinflussen sich gegenseitig in keiner Weise, sondern entwickeln ihre Vorstellungen von den Dingen aus den Keimen ihrer eigenen Natur. Da jede Monade dasselbe Universum, nur von verschiedenen Gesichtspunkten repräsentiert, giebt es keine Artunterschiede in der Welt, es kann sich bei ihnen nur um Verschiedenheiten in dem Grade der Klarheit ihrer Vorstellungen handeln; alle Dinge sind qualitativ gleich,

---

[*] Vergl. Eucken, Grundbegriffe d. Gegenwart. Art.: Entwicklung.

und zwischen anscheinenden Gegensätzen besteht nur ein Unterschied der Quantität oder des Grades. Somit nimmt der Prozess der Entstehung die Form einer inneren Selbstentwicklung an, welche darnach strebt, vom Unterbewusstsein zum vollkommenen Selbstbewusstsein fortzuschreiten. Die Monade trägt in sich alles, was der Erfahrung unterliegt, und ihre Entwicklung stellt nur eine Entfaltung von Eigenschaften dar, welche schon im Keim in ihr enthalten sind.

Im Gegensatze zu Leibniz bekämpfte C. F. Wolff eine Entwicklungstheorie, nach welcher ein einfaches Wachsen an Grösse und eine Entfaltung von Organen, welche schon vorher alle im Keime existierten, stattfände, und durch seine Untersuchung der Entwicklung des Hühnchens wurde zum ersten Male die umgekehrte Ansicht einleuchtend begründet, — nämlich die von der Epigenesis oder der fortschreitenden Bildung von Organen aus einem ursprünglich homogenen Keime.

Auf sorgfältige Beobachtungen gründete er klar das Prinzip der Morphologie, dass die Prozesse der embryonischen Entwicklung und des höher entwickelten Wachstums alle von gleicher Natur sind, — sowohl bei den Pflanzen, als auch bei den Tieren.

Mit Herder beginnt ein innerlicherer, mehr synthetischer Entwicklungsbegriff, welcher durch Goethe und auch durch Schelling weiter ausgeführt wird.

Herder nahm mit Leibniz an, dass der Keim seine Zukunft in sich selbst trägt; dass das All sich in jedem einzelnen Wesen ganz und gar offenbart; und dass überall ein und dasselbe Leben in einer aufsteigenden Reihe vor sich geht.

Die Welt ist ein einziger harmonischer Organismus, welchem das lebenerzeugende Prinzip innewohnt; die Geschichte ist ein einziger, ununterbrochener Entwicklungsprozess, in welchem die höheren Stufen infolge eines nicht wahrnehmbaren Ueberganges aus den niederen hervorgehen.

Die natürlichen Verhältnisse der Umgebung spielen eine wesentliche Rolle bei der Bestimmung der Kräfte und Neigungen der Individuen und Stämme.

Goethe hatte im ganzen eine ähnliche Auffassung wie Herder, ging jedoch im besonderen mehr von dem philosophischen Sinne der morphologischen Theorie aus. Da er an der Kontinuität der Natur festhielt, bestand seine Methode in der Vergleichung oder Beziehung. So war er denn geneigt, einen allgemeinen Typus für Pflanzen und Tiere aufzustellen, nach welchem die einzelnen Typen gebildet werden, — eine Einheit in der Zusammensetzung. Um das Gewordene zu verstehen, suchte er an allen Dingen das Werden zu verfolgen, das er als ein Erzeugnis nicht des mechanischen Materialismus, sondern einer inneren synthetischen Thätigkeit auffasste.

Schelling und Hegel vertreten Theorien des absoluten Werdens; Thätigkeit ist ursprünglicher als das Sein. Der dem Schelling'schen Systeme zu grunde liegende Plan liegt in dem Gegenüberstehen einer Zweiheit von Kräften, einer idealen und einer realen, welche sich einander, jedesmal in einer höheren Einheit, gegenseitig aufheben. Diese Theorie wird in der phantastischsten Weise ausgeführt. Die Natur wird als das ununterbrochene Erzeugniss von anziehenden und abstossenden Kräften betrachtet; die Materie ist nicht ursprünglich, sondern die Kräfte, welche ihre Einheit bewirken.

In gleicher Weise ist das Ich ein Produkt von positiven und negativen Kräften, — ihre relative Einheit.

Die Kraft in der Natur vergleicht er mit der Kraft im Ich; die Natur ist das objektive System der Vernunft, das Ich im Prozesse des Werdens[*]; kämpfend strebt sie aus ihrem unbewussten, materiellen Seinswesen empor zu organischen Wesen und zum Selbstbewusstsein; jede Pflanze,

---

[*] Vergl. Windelband, Gesch. d. Phil. § 3. S. 419.

jedes Tier ist nur ein Haltepunkt für den Zug des Ganzen.

Der Gegensatz des Realen und Idealen in der endlichen Welt gelangt nur im Absoluten zu einer Aussöhnung.

Hegels System ist das einer rein logischen Entwicklung. Ihm ist das Ideale zugleich das Reale: die Welt ist lediglich selbstbestimmendes Subjekt. Die Denkgesetze sind daher zugleich die Gesetze der Dinge und die Logik wird unmittelbar zur Metaphysik.

Da Gegensätze zu der eigentlichen Natur des Denkens gehören, müssen sie dem Wesen der Wirklichkeit innewohnen. Der Entwicklungsprozess geht also nach Art eines logischen vor sich; den Thesen stehen Antithesen gegenüber, und beide werden aufgehoben oder miteinander ausgesöhnt in einer jedesmal höheren Einheit. Die ganze Welt ist ein System von Begriffen, von denen, den Forderungen der Logik gemäss, der höhere aus dem niedrigeren hervorwächst.

Der Naturalismus des 19. Jahrhunderts, eine unmittelbare Folge des Uebergewichtes der naturwissenschaftlichen Forschung, hat den Positivismus Comte's hervorgebracht, welcher alles, was Leben und Thätigkeit betrifft, auf die Objekte der Erfahrung beschränkt. Der Mensch ist einer unerforschlichen Welt des Daseins ein- und untergeordnet. Wir können nur die Neben- und Nacheinanderbeziehungen der Erscheinungen erkennen, welche als miteinander in allgemeinem Kausalnexus stehend gedacht werden. Alle Erzeugnisse sind das Resultat mechanischer oder natürlicher Gesetze; sogar der Geist ist, wenn nicht ihr direktes Produkt, doch mindestens ganz und gar durch sie bedingt. Die Geschichte ist ein langsamer und stufenartiger Prozess gewesen, welcher die Menge der Existenzen als eine einzige zusammenhängende, aufsteigende Reihe darstellt; die Gegenwart ist mit Notwendigkeit aus der Vergangenheit hervorgewachsen und trägt die Zukunft in sich.

Gerade in unseren Tagen nun hat die naturalistische Auffassung der Entwicklung in einer besonderen Form einen neuen Anstoss erhalten durch das grosse Werk Charles Darwin's. Sein charakteristisches Merkmal liegt in der Einführung einer streng mechanischen Auffassung behufs Erklärung der organischen Anpassungen, welche bis dahin eine teleologische Deutung zu erfahren pflegten. Durch ein Prinzip der natürlichen Auslese und der Erblichkeit sucht er die Entstehung der Arten zu erklären; insofern die Anpassung an die Umgebung die Vorbedingung der Selbsterhaltung ist, ist das Ueberleben der Tüchtigsten nur das Ergebnis natürlicher Ursachen. Er sucht nach einer einzigen genealogischen Quelle für alle Arten, um einen gemeinsamen Ursprung aller Organismen und alles Lebens zu finden; die höheren Formen gehen direkt aus den niederen hervor, und der Prozess vollzieht sich durch ein einfaches Aufsteigen. Diese Anschauung hat einen ungeheuren Einfluss erlangt.

Spencer hat eine unmittelbare Verwandtschaft mit Comte. Er ist durchaus positivistisch und naturwissenschaftlich gerichtet. Darwin beschränkt sein Werk lediglich auf das Gebiet der Biologie, während Spencer ein allumfassendes philosophisches System aufzubauen versucht hat, welches sich ausschliesslich auf den Entwicklungsbegriff gründet.

Daher ist es gekommen, dass Spencer's Gestalt den Mittelpunkt der evolutionistischen Philosophie bildet. Seine Popularität ist so gross, dass keiner der jetzt lebenden oder neueren Philosophen in so weiten Kreisen gelesen wird.

Unsere weitere Aufgabe ist es nun, Spencer's Theorie darzustellen und zu beurteilen.

Darstellung der Evolutionstheorie Spencer's.

Die Spencer'sche Philosophie, deren unterscheidendes Merkmal die Evolutionslehre ist, stellt den kühnsten, weitgehendsten Versuch dar, ein umfassendes System lediglich auf dieser einen Lehre aufzubauen. Spencer versucht den Entwicklungsbegriff zum allgemein gültigen Weltprinzip zu erheben, in kosmologischer und biologischer, wie psychologischer und geschichtlicher Hinsicht. Die Grundlagen seiner Philosophie sind in den „First Principles"*) niedergelegt. Seine erste Aufgabe ist erkenntnis-theoretischer Natur: er versucht, die Grenzen der vernünftigen Forschung und das Gebiet der möglichen Erkenntnis festzustellen, sodann aber die fundamentalen Prinzipien, welche sich als der Erkenntnis zugänglich erwiesen haben, zu erläutern und zu einem völlig harmonischen Systeme zu vereinigen. In dieser Erkenntnistheorie, welche das logische Ergebnis des reinen Empirismus ist, hat der Geist keine immanenten, schaffenden oder gestaltenden Prinzipien, sondern, ganz und gar abhängig von seiner Umgebung, ist er unfähig, irgend etwas durch sich selbst zu erkennen, und muss sich damit begnügen, in passiver oder automatischer Weise das, was ihm nahe gebracht wird, zu registrieren. So ist er nichts

*) Deutsch von B. Vetter. 1875.

als die Kopie der Erfahrung, die durch Association einen Zusammenhang gewinnt. Daher wird jedes Ding erst dann erkannt, wenn es erfahren wird; liegt es jedoch ausserhalb der Grenzen der Erfahrung, so ist es nicht nur unbekannt, sondern überhaupt unerkennbar. Nichts wird Eigentum des Geistes, was nicht von aussen in ihn hineinkommt; es giebt also keine apriorische Erkenntnis. Vollständige oder positive Erkenntnis ist daher beschränkt auf das, was unmittelbar durch Erfahrung gegeben ist. Unsere Begriffe von Gegenständen, welche so verwickelt sind oder so weit auseinander liegen, dass nur ein Teil ihrer Merkmale in dieser Weise gegeben sein kann, sind Abstraktionen, mehr oder weniger blosse Sinnbilder. Diese haben Geltung, soweit sie notwendige Folgerungen aus der gegebenen Erfahrung darstellen; lässt sich jedoch ihre Uebereinstimmung mit den Thatsachen der Erfahrung durch keinen Denkprozess darthun, so unterscheiden sie sich in nichts von blossen Erdichtungen.

So nimmt Spencer dem Geiste alle ihm ursprünglich eigentümlichen Kräfte, macht ihn völlig abhängig von der ihn umgebenden Welt und wird hierdurch zum Skeptizismus des Empirismus gedrängt. Ausgeschlossen von der absoluten Erkenntnis, muss sich die menschliche Intelligenz lediglich mit der relativen begnügen. — Auf alle metaphysischen und grundlegenden Probleme angewandt, führt diese Theorie unvermeidlich zum Agnostizismus.

Es überrascht daher nicht, dass Spencer sich zunächst bemüht, die Philosophie von den Banden der Metaphysik zu befreien. Er stellt die Erörterung der grundlegenden Probleme unter den Gesichtspunkt des Gegensatzes zwischen Religion und Wissenschaft. Mag es sich hierbei auch um den ältesten, tiefsten und weitgehendsten Streit handeln: Religion und Wissenschaft, als Produkte ein und desselben Geistes, müssen beide in der Wirklichkeit der Dinge begründet und von ursprünglicher Harmonie sein. So sucht Spencer sie völlig miteinander auszusöhnen.

Eine Analyse unserer letzten religiösen Vorstellungen ist geeignet, klarzulegen, dass sie in sich selbst miteinander im Widerspruch stehen und nicht zu begreifen sind. Keine von all den möglichen Hypothesen betreffs der Entstehung des Alls — Entstehung aus sich selbst, Schöpfung durch sich selbst oder durch eine ausserhalb liegende Ursache — ist logischer Weise zu verteidigen oder auch nur im eigentlichen Sinne des Wortes zu begreifen. In letzter Hinsicht enthält jede von ihnen dieselbe Schwierigkeit, da der letzte Grund des Universums durch sich selbst entstanden sein muss, unabhängig von irgend einer äusseren Ursache. Er muss daher ewig sein; denn jeder Anfang muss eine Ursache haben, aus welcher er hervorgegangen ist. Eine unendliche, hinter uns liegende Zeit jedoch ist ebenso unbegreiflich, wie das Wie und Woher einer Entstehung aus sich selbst. Mehr noch! Wenn wir auch zur Annahme einer ersten Ursache der Welt gedrängt werden, welche absolut und unendlich ist, so sind doch diese Bestimmungen geeignet, einander aufzuheben. Eine Ursache muss mindestens zu der von ihr verursachten Wirkung in Beziehung stehen; das Absolute jedoch erheischt eine ohne irgendwelche Beziehungen mögliche Existenz. Daher kann weder eine Ursache absolut, noch das Absolute eine Ursache sein. Wie das Absolute als solches je zu einer Ursache oder zu sonst etwas, was es nicht seit endlosen Zeiten war, werden kann, ist auch unverständlich; und doch kann ein Absolutes nicht absolut sein, ohne eine Ursache darzustellen. Welche Hypothesen wir also auch immer aufstellen mögen, — wir sind von gleich unauflöslichen Widersprüchen umgeben. Ursprung und Wesen des Weltgrundes, wodurch alle Dinge existieren, sind durchaus unerkennbar. In dieser Wahrheit stimmen alle Religionen völlig überein, vom rohesten Aberglauben bis zu der höchst entwickelten monistischen Theorie.

Eine Erörterung der letzten wissenschaftlichen Begriffe führt uns nach Spencer zu ähnlichen Schlüssen. Raum und Zeit können nicht aufgefasst werden als entweder wirklich oder nicht wirklich. Sie für Nicht-Wesenheiten zu erklären, das hiesse die Absurdität annehmen, es gäbe zwei Arten von Nicht-Wesenheiten; als Wesenheiten jedoch können wir sie uns nicht entweder mit oder ohne Beschränkungen und Eigenschaften denken.

Die Materie kann nicht begriffen werden als ins Unendliche teilbar, aber ebenso wenig die Unteilbarkeit irgend eines ihrer Teile. Letztere wirken, in einer uns unverständlichen Weise, ohne jede Vermittlung auch durch anscheinend leeren Raum hindurch. So bleiben Anfang, Ende und Uebertragung der Bewegung, sowie Wesen und Wirken der Kraft alle für uns unbegreiflich und führen uns von einer Undenkbarkeit zur anderen.

Wenden wir uns zu der Natur des Bewusstseins selbst, so stossen wir auf ähnliche Schwierigkeiten. Wie wir seinen Anfang nicht kennen, können wir auch nichts von seinem Ende wissen. Wir können uns nicht bewusst werden, wo unser Bewusstsein aufhört.

Die Seele, welche denkt, kann nicht erkannt werden; denn sonst müsste sie ihr eigenes Subjekt und Objekt zugleich sein und so sich selbst zu nichte machen. — Unsere letzten wissenschaftlichen Begriffe sind nur Bilder von Realitäten, deren Ursprung und Wesen für uns ganz und gar unbegreiflich sind.

So besteht die der Religion und der Wissenschaft gemeinsam zu grunde liegende und beide miteinander aussöhnende Wahrheit darin, dass die verborgene Wirklichkeit, welche hinter allen Erscheinungen liegt, für immer unbekannt bleibt. Diese Wahrheit wird sowohl durch eine Untersuchung der Denkergebnisse wie des Denkprozesses bewiesen. Erkennen wird nur durch ein hinzukommendes Wiedererkennen möglich, d. h. durch eine

Bezugnahme auf Gleichheit oder Verschiedenheit. Man erklärt eine Thatsache, wenn man sie auf eine andere, durchaus allgemeine bezieht; um überhaupt eine Erkenntnis zu ermöglichen, müssen die Gegenstände klassifiziert werden. Da nun die letzten Wahrheiten nicht auf noch allgemeinere zurückgeführt werden können, können sie weder klassifiziert, noch auch erkannt werden.

Wir können also nur das Bedingte und Beschränkte erkennen; z. B. wir können uns ein Ganzes nicht so gross denken, dass es nicht ein Teil eines noch grösseren Ganzen sein, noch einen Teil so klein, dass er nicht in noch kleinere Teile geteilt werden könnte. Der Erkenntnisprozess schliesst Unterscheidung und Beziehung in sich; und da das Absolute und Unendliche dieser Prädikate entbehrt, ist es undenkbar und unerkennbar.

Wenn aber die Existenz eines Weltgrundes unerkennbar ist, kann sie dann überhaupt noch behauptet werden? Dass dies logischerweise der Fall ist, nimmt Spencer vom Standpunkte seiner Erkenntnistheorie an. Aber „besides that definite consciousness of which Logic formulates the laws there is also an indefinite consciousness which can not be formulated" (§ 26). Die eigentümliche Einrichtung der Geistesthätigkeit macht es unmöglich, etwas Relatives zu begreifen, ausser wenn es einem Absoluten gegenübergestellt wird. Es ist unmöglich, an Phänomena, ohne zugleich an Noumena, zu denken. In der That bringt die absolute geistige Kraft in uns ein immer vorhandenes Bewusstsein wirklicher Existenz hervor; und da letzere, allen Wechsel überdauernd, so lange fortbesteht, als das Bewusstsein währt, hat sie den höchsten Anspruch auf Wahrheit. So erweisst sich Spencer's „Unerkennbares" hiernach nicht als unerkennbar, sondern als in nur unbestimmter Weise bekannt. Wir können erkennen, dass, aber nicht, was es ist. Ebenso können wir seinem Sein irgendwelche Eigenschaften beilegen, weder Intelligenz noch Vernunft, am allerwenigsten Persönlichkeit; nur nehmen wir es als wirklich an zum Unterschiede von blossen Erscheinungen; als der Inbegriff der Noumena, welche die Ursache der Phänomena bilden. Es ist der Urgrund aller Dinge, das Eine, offenbart in allen Erscheinungen.

Spencer hält sich also ganz und gar innerhalb der Grenzen des Positivismus. Er lehnt alle metaphysischen Hypothesen ab, alles Suchen nach ersten oder Endursachen, alle Erkenntnis des Wesens der Welt. Fragen wir daher, was wir denn eigentlich zu erkennen vermögen, so sind es in der That nur die Erscheinungen. Die Wirklichkeit bleibt uns für immer verschlossen.

Es ist die grundlegende Bethätigung unseres Bewusstseins, durch welche wir unmittelbar Kenntnis der Gleichheit, der Verschiedenheit und ihrer gegenseitigen Beziehungen innerhalb der Erscheinungswelt erhalten. In der Anordnung des Nebeneinander und Nacheinander der Erscheinungen besteht daher alles, was wir an wissenschaftlichen Thatsachen feststellen können. Durch Beobachtung und Experiment können wir konkrete Verknüpfungen einfacher Phänomene finden und durch ein Fortschreiten von den einfacheren zu den zusammengesetzten die allgemeinen Beziehungen begreifen. Die feste Ordnung dieser Beziehungen ist die Ursache unserer Kenntnis der Naturgesetze. Das ganze Gebiet unserer Erfahrung als gesetzmässig geordnet zu begreifen, ist daher die Aufgabe der Wissenschaft. Somit hat die Philosophie den Zweck, nicht nur Gesetze aufzufinden, welche Einzelheiten der Erscheinungswelt regeln, sondern eine allgemeine Formel aufzustellen, welche alle Ergebnisse der Erfahrung umfasst und miteinander vereinigt. „Philosophy is completely unified knowledge" (§ 37).

Die tiefgehendste Einteilung des Bewusstseins ist die in den Zustand der Lebhaftigkeit und den der Schwäche (vivid and faint States), welche beide beziehungsweise den

Phänomenen der sinnlichen Wahrnehmung und der Reproduktion entsprechen. Die Zustände der Lebhaftigkeit gelten als verursacht durch unablässig erregend wirkende Objekte; die Zustände der Schwäche als abgeleitete subjektive Bilder. Die tiefsinnigsten Unterschiede unter den Offenbarungen des Unerkennbaren sind daher diejenigen, welche als Subjekt und Objekt bekannt sind. Jedoch bei der Beurteilung der letzten wissenschaftlichen Begriffe wurden beide, Subjekt und Objekt, als unerkennbar bezeichnet. Wie ist nun überhaupt eine Wissenschaft möglich? Kann die Philosophie sich mit der Erscheinungswelt allein begnügen? In der That, wie können wir jene Begriffe der Wirklichkeit auslegen, welche die Wissenschaft aufstellt? Spencer giebt die Erklärung: „By reality we mean persistence in consciousness" (§ 46). Da also die absolute Wirklichkeit zwar unerkennbar ist, im Bewusstsein jedoch bestimmte unveränderliche Wirkungen hervorbringt, welche unaufhörlich fortdauern, so ist das Ergebnis dasselbe, als wenn jene selbst unmittelbar bekannt wäre. Diesem Schlusse gemäss können alle unsere wissenschaftlichen Begriffe in ihrer Eigentümlichkeit erklärt werden. Obgleich vorher für unerkennbar erachtet, sind nach dieser Auffassung Raum, Zeit, Materie, Bewegung, Kraft und Bewusstsein doch wieder als gültig eingesetzt. Sie sind nur Offenbarungen des Unerkennbaren; in gleicher Weise beharrlich, sind sie für uns in derselben Weise wirklich. Auf diese sonderbare Weise glaubt man den Naturalismus, wie ihn die empirischen Wissenschaften vertreten, von der Metaphysik befreit zu haben. Was in Wirklichkeit im Bewusstsein ausdauert, ist die Erfahrung der Kraft. Unsere anderen Begriffe sind alle hiervon abgeleitet. Zwischen den Erscheinungen bestehen die Beziehungen des Nebeneinander und des Nacheinander. Die Abstraktion aller Nebeneinander-Beziehungen ergiebt den Begriff des Raumes, die Abstraktion aller Nacheinander-Beziehungen den der Zeit. Aus den Koexistenzbeziehungen, welche den Begriff des Widerstandes in sich schliessen — wovon der Raumbegriff abstrahiert ist —, geht unser Begriff der Materie hervor; Widerstand und Ausdehnung sind ihre letzten Elemente, und zwar ist der Widerstand das Primäre. Aus der Reihe des Nacheinander, in welcher die Materie von Schritt zu Schritt einen anderen Platz einnimmt — wovon der Begriff der Zeit abstrahiert ist —, ergiebt sich unser Begriff der Bewegung.

Sogar unsere Bewusstseinsformen werden aus den Erfahrungen der Kraft entwickelt. Der empfindende Organismus, ursprünglich ohne irgendwelche Formen und Kräfte des Denkens, wird durch eine Menge von Eindrücken, die ihrer Art und Stärke nach verschieden sind, beeinflusst und liefert das Material zur Bildung von Beziehungen, nämlich für das Denken. Wir kennen nichts anderes vom Bewusstsein als diese Beziehungen oder Formen; der Geist ist nichts weiter, als die Summe dieser Thätigkeiten. Das Wesen, welchem die Offenbarungen sich kundthun, ist selbst nur eine Offenbarung. Subjekt und Objekt gehören als solche, im letzten Grunde, beide nur der Erscheinungswelt an und sind lediglich entgegengesetzte Offenbarungen ein und derselben unerkennbaren Wirklichkeit, welche ihnen zu grunde liegt. „We come down then finally to force as the ultimate of ultimates" (§ 50). Da es die Kraft ist, welche im Bewusstsein ausdauert, erhebt Spencer die Erhaltung der Kraft zum allgemeinen Postulate. Man setze nur — so schlägt er vor — die Erhaltung der Kraft voraus: und jeder Begriff — Materie, Bewegung, Leben, Geist, menschliche Gesellschaft, Ethik, Religion — lässt sich aus ihr ableiten.

Dass die Kraft erhalten wird, lässt sich nicht erfahrungsmässig beweisen; denn jeder Versuch setzt stillschweigend das voraus, was bewiesen werden soll. Gleichwohl wird es als die sicherste apriorische Wahrheit, als das höchste Ergebnis geistiger Entwicklung betrachtet. Es ist ebenso unmöglich, zu begreifen, dass aus etwas nichts, wie aus nichts etwas werden kann.

Aus der Erhaltung der Kraft sucht Spencer alle die Forderungen und Gesetze der Physik abzuleiten, welche er für den Inbegriff der Wissenschaften ansieht. Beharrlichkeit der Beziehungen zwischen Kräften; Verwandlung und Erhaltung der Kräfte; Unzerstörbarkeit der Materie; Kontinuität, Richtung und Rhythmus der Bewegung: lauter Axiome, welche von der Erhaltung der Kraft hergeleitet werden.

Die Beharrlichkeit der Beziehungen zwischen Kräften erheischt, dass jedes Glied zu dem folgenden quantitativ und qualitativ eine unveränderliche Beziehung habe. Hierdurch wird nur die Forderung der Gleichförmigkeit der Gesetze ausgesprochen, welche notwendig aus der Erhaltung der Kraft hervorgeht.

Die Verwandlung und die Erhaltung der Kräfte ist eine weitere notwendige Folge aus derselben Wahrheit. Sie erfordert, dass alle Energie erhalten bleibe, sowie dass die bei jedem Wechsel in ihrer Umgebung sich entfaltenden Kräfte, indem sie verbraucht werden, Verwandlungen erfahren zu einer gleichwertigen Quantität irgend einer anderen Kraft oder anderer Kräfte*). Dies wird als ein überall herrschendes Weltprinzip betrachtet, dessen Gültigkeit sich von den Bahnen der Sterne bis zu dem Gange unserer Gedanken erstreckt. Da ist keine Lücke möglich, kein Uebergang von einer konkreten Erscheinung zu einer anderen ohne die Brücke einer vermittelnden Erscheinung. Alle Dinge sind enthalten in der unendlichen Wirklichkeit und werden lediglich durch das Gesetz ihrer Notwendigkeit verwirklicht. Sind nur an irgend einem Punkte des Vorganges die Be-

---

*) „In dieser Allgemeinheit jedoch ist das Gesetz bisher noch nicht erwiesen, sondern nur ein Axiom für weitere Forschung." — Pünjer, Jahrb. f. prot. Theol. IV, Seite 455.

dingungen gegeben, so lässt sich die ganze Vergangenheit, wie auch die ganze Zukunft daraus ableiten.

Sonnenschein, Gebirge und Seen, der ganze Weltprozess ist ein einziges, grossartiges Produkt dieser notwendigen Wahrheit. Das Leben selbst ist nur eine Verbindung von zusammenwirkenden Kräften, die sich verwandeln, — wie aus der organischen Chemie deutlich hervorgeht. Auch das Denken besteht nur in Verwandlungen anderer Kräfte, welche zu seiner Erzeugung verbraucht werden.

„Those modes of the Unknowable which we call motion, heat, light, chemical affinity, etc., are alike transformable into each other and into those modes of the Unknowable which we distinguish as sensation, emotion, thought; these, in their turns, being directly or indirectly retransformable into the original shapes." (§ 71.)

Auf welche Weise dies möglich ist, wird für ein unergründliches Geheimnis erklärt. Wollte man es jedoch deshalb leugnen, so würde man die Erhaltung der Kraft leugnen.

Aus den vorhergehenden Wahrheiten folgt unmittelbar die Unzerstörbarkeit der Materie. Letztere ändert wohl ihre Form, kann aber niemals vernichtet werden. Mancherlei Versuche, besonders aus der quantitativen Chemie, führen uns zu diesem Schlusse. Die Unzerstörbarkeit der Materie kann nicht wirklich erfahrungsmässig bewiesen werden, da wir immer wieder gerade das voraussetzen müssen, was bewiesen werden soll. Sie ist wie die Erhaltung der Kraft, eine im höchsten Grade sichere apriorische Wahrheit, die aus der Entwicklung eines feineren Nervensystems hervorgeht. Giebt man die Erhaltung der Kraft zu, so ist kein anderer Schluss möglich.

Durch ähnliche Erwägungen wird die Kontinuität der Bewegung zu einer grundlegenden Ueberzeugung. Dass die Planeten mit unveränderter Schnelligkeit ihre Bahnen durcheilen; dass die Körper sich um so weiter fortbewegen, je geringer der Widerstand ist; dass sichtbare Bewegung sich in unsichtbare verwandeln lässt, Bewegung der Masse in Molekularbewegung. — in Wärme, Licht, Elektrizität, etc., — alles führt zu dieser Ueberzeugung. Das Pendel erwirbt, wie man annimmt, eine unsichtbare oder latente Bewegung, gleichwertig mit der sichtbaren Bewegung, welche bei jedem Schwunge nach oben verloren wird. So ist auch die Kontinuität der Bewegung zwar erfahrungsmässig nicht beweisbar, bildet aber einen notwendigen Schluss aus der Erhaltung der Kraft. Auf diese Weise folgert Spencer, wie Descartes, dass die Quantität der Materie und der Bewegung durchaus konstant bleibt.

Die Ursachen der Bewegung sind nicht zu erklären; sie sind lediglich Offenbarungen des Unerkennbaren. Weder allgemeiner Druck, noch Spannung, noch auch die Koexistenz von beiden, welche die Physiker behaupten, sind irgendwie zu begreifen. Dass Körper zugleich einander anziehen und abstossen, widerspricht sich, und doch muss dies, wie behauptet wird, angenommen werden. Die Bewegung geht daher in der Richtung 1) der stärksten Anziehung oder 2) des geringsten Widerstandes oder 3) genauer gesagt, der Resultante beider, — das Parallelogramm der Kräfte. Die Bewegung, die in einer Richtung begonnen hat, wird selbst wieder zur Ursache einer weiteren Bewegung in derselben Richtung. Die Bewegung geht auch selten oder niemals in gerader oder kreisförmiger Linie vor sich, da das Verhältnis der wirkenden Kräfte selten oder niemals die hierzu erforderlichen Bedingungen aufweist. Anstatt einförmig, ist die Bewegung daher notwendigerweise rhythmisch. Diese Prinzipien sind die allgemeinen Gesetze der Mechanik, welche den ganzen Weltprozess beherrschen. Der periodische Lauf der Gestirne in ihren Bahnen, der Wechsel von Winden und Gewässern, hervorbrechende Vulkane und Lagerung von Sedimenten, organisches Wachstum, Empfinden, Denken, Wollen, die Entwicklung der Gesellschaft, Ethik und Religion: alles ist rhythmische Bewegung in der Richtung des geringsten Widerstandes. Denn durch eine andere Erklärung würde man ja die Erhaltung der Kraft leugnen.

Diese universellen Prinzipien der Mechanik vereinen alle die Erscheinungen, welche zu den verschiedenen Teilen der Natur gehören. Die einzelnen Wissenschaften stellen nur verschiedenartige Verbindungen dieser allgemeinen Prinzipien dar. Dass das gesamte historische Werden sich gemäss den Naturgesetzen vollzogen hat, war die Ansicht Comte's in seiner Anordnung der Wissenschaften. Spencer jedoch behauptet, dass die Philosophie nicht bei diesen einzelnen mechanistischen Prinzipien stehen bleiben darf, sondern eine allgemeine Synthese, welche ihr Zusammenwirken umfasst und ausdrückt, suchen muss, — kurz, ein Gesetz der Gesetze. Da Raum und Zeit als solche auf Abstraktionen, das Bewusstsein auf eine blosse Umformung physikalischer Kräfte zurückgeführt ist, tritt dieses Gesetz im wesentlichen als das der „continuous redistribution of matter and motion" auf (§ 92). Alle solche Wiederverteilung muss, wie man annimmt, entweder auf Integration oder auf Auflösung gerichtet sein. Die vollständige Geschichte eines jeden Dinges schliesst in sich ein: 1) seine Entwicklung aus einem Zustand der Zerstreutheit und Unbestimmtheit zu dem der Integration und Bestimmtheit, 2) seine Auflösung und Rückkehr in den Zustand der Unbestimmtheit. Jenen Prozess nennt Spencer Evolution, diesen Dissolution. „Evolution under its simplest form and most general aspect is the integration of matter and concomitant dissipation of motion: while dissolution is the absorption of motion and concomitant dissipation of matter" (§ 97). Da der eine Prozess gerade die Kehrseite des anderen ist, beschränkt Spencer sich in der Hauptsache auf die Evolution. Aus den allgemeinen Wahrheiten aller Wissenschaften sucht er durch sorgfältige Untersuchung eine universelle

Formel herzuleiten, welche in umfassender Weise diesen Prozess ausdrücken soll.

Der erste grundlegende Vorgang ist Konzentration, — ein Uebergang von der Inkohärenz zur Kohärenz. Diese Annahme beruht unmittelbar auf der Kant-Laplace'schen Nebularhypothese. Sie wird als unzweifelhaft richtig akzeptiert und nicht nur auf die Konzentration der ungeordnet ausgebreiteten Materie und Bewegung hinsichtlich der astronomischen und geologischen Genesis angewandt, sondern ganz allgemein auf organische Wesen, Geist, Gesellschaft und die alltäglichen Vorgänge.

Gleichlaufend mit dieser primären Form der Evolution, bestehen fortdauernde sekundäre Wiederverteilungen. Zugleich mit der Ansammlung geht eine Differenzierung vor sich, ein Uebergang von der Homogenität zur Heterogenität. Dieses Prinzip ist ursprünglich eine biologische Verallgemeinerung; zuerst von Harvey angenommen, wurde es von Wolff, von Baer und anderen bestätigt. Auch dieses sucht Spencer zu einem allgemeinen Gesetze zu erheben. Die Differenzierung des Urnebels in die mannigfachen Himmelskörper; die der Erde in Land und Wasser, Berg und Thal; die der Organismen in ihre mannigfaltigen Glieder; die der Wissenschaften in ihre besondern Zweige; die der Gesellschaft in Bezug auf ihre Arbeitsteilung etc.: alles dies sind Uebergänge von der Homogenität zur Heterogenität.

Die Heterogenität aber kann Verschiedenheit irgendwelcher Art bedeuten. Sie kann das sein, was zu Unordnung und Auflösung, anstatt zu einer ordnungsmässigen Entwicklung führt. Daher muss neben der Differenzierung ein Hang zur Gleichartigkeit bestehen; ein Uebergang von der Unbestimmtheit zur Bestimmtheit. Dies wird im besonderen illustriert durch Darwin's Lehre von der „natürlichen Auslese (natural selection)"; Arten sondern sich immer bestimmter von anderen Arten ab, Geschlechter von anderen

Geschlechtern, Ordnungen von anderen Ordnungen: es zeigt sich im Werden eines jeden Organismus, eines jeden Geistes, jeder Gesellschaft, — in der ganzen Welt.

Die Wiederverteilung der Bewegung behandelt Spencer in gleicher Weise. Wie die Einheiten der Materie sich zu einzelnen Ganzen ansammeln, ebenso schnell muss auch eine Umformung ihrer Bewegungen stattfinden. Abnahme der relativen Bewegung in den Einheiten läuft hinaus auf Zunahme der Bewegung in dem Ganzen; die Bewegung der Masse ist eine Integration der molekularen Bewegung. Wie die Zusammensetzung der Materie, so wird die Bewegung differenzierend und ergänzend, mit immer wachsender Heterogenität und Bestimmtheit dargestellt. Wärme, Licht, Elektrizität, Entwicklnng von organischen Verrichtungen, Denken, etc. dienen hier zur Illustration.

Die oben erörterten Begriffe gelten für die allgemeinen und erschöpfenden Prinzipien der Wiederverteilung (redistribution). Ihr Zusammenwirken muss daher gleichbedeutend sein mit dem ganzen Weltprozess. Ihre Vereinigung bildet das Gesetz der Evolution. In ihrer vollkommenen Form „Evolution is an integration of matter and concomitant dissipation of motion; during which the matter passes from an indefinite incoherent homogeneity to a definite, coherent heterogeneity, and during which the retained motion undergoes a parallel transformation" (§ 145).

Spencer's ganzes philosophisches System ist zur Illustration und Verteidigung dieser Formel geschrieben. Sie ist nicht nur von allen Erscheinungsformen abgeleitet, sondern, infolge eines notwendigen Prozesses, durch Deduktion aus der Erhaltung der Kraft entstanden. Auf dieser gemeinschaftlichen Grundlage vereinigt sie sich mit allen anderen Verallgemeinerungen. Das Evolutionsgesetz ist darauf gerichtet, eine zunächst einfache, mehr und mehr zum Allgemeinen fortschreitende Verwandlung auszudrücken. Es ist lediglich eine Uebertragung der dialektischen Methode auf eine Darstellung der Differenzierung und Vervollständigung. Um die Entstehung der Wiederanordnung — der Bewegung und des Fortschrittes in Spencer's System — zu erklären, wird das ursprünglich Gleichartige als ein Zustand labilen Gleichgewichts aufgefasst. (Vergl. Anmerkung § 116.) Dies rührt daher, dass auf die verschiedenartigen Teile des Gleichartigen zufällige Kräfte ungleichmässig wirken, oder, wenn solche Kräfte nicht vorhanden, jene Teile sich gegenseitig ungleichmässig beeinflussen. Das relativ Gleichartige strebt immer darnach, ins relativ Ungleichartige überzugehen. Diese Wahrheit nun ist hier allgemein illustriert. Da Wirkung und Gegenwirkung sich gleichmässig gegenüberstehen, folgen den Differenzierungen des Gleichartigen die entsprechenden Differenzierungen der dazukommenden Kraft, und diese wird in eine Menge von Kräften verwandelt. Diese bei der Differenzierung entstandenen Kräfte werden wiederum zur Ursache sekundärer Vielgestaltigkeit der Materie, welche die Einwirkungen erfährt. So wird durch logische Wirkung und Gegenwirkung die Vielfältigkeit der Wirkungen fortwährend gefördert. Bei ihrem Aufeinanderwirken erheischt eine Ungleichheit der Kräfte notwendig eine Ungleichheit in den Wirkungen, während eine Gleichheit unter den Kräften eine Gleichheit der Wirkungen zur notwendigen Folge hat. Das erstere Prinzip giebt eine Erklärung für die primären Differenzierungen, das letztere für die Trennung und ordnungsmässige Einrichtung der wirklichen Welt.

Der trennende Punkt zwischen den immer mit einander streitenden Kräften der Entwicklung und der Auflösung wird als Gleichgewicht (Equilibration) bezeichnet. Von den in Wirksamkeit befindlichen Kräften gelangen diejenigen, welche am schwächsten sind oder auf den grössten Widerstand stossen, zuerst zu diesem Punkte und verfallen der Auflösung. Nur die stärksten und tauglichsten dauern aus. Findet eine geregelte Bewegung von Kräften statt, die in

Beziehung zu einander stehen und, wobei keine äusseren Kräfte störend eingreifen, so entsteht ein bewegliches Gleichgewicht (aequilibrium mobile), z. B. das Sonnensystem. Auch dieses verfällt möglicherweise der Auflösung. Entwicklung und Auflösung bilden, in niemals endendem Zyklus, einen logischen Prozess.

Spencer's Methode besteht aus Experiment, Induktion und Synthese. Nachdem er die Prinzipien und Gesetze der Entwicklung induktiv aus der Welt abgeleitet hat, sucht er zunächst die Welt nach ihnen aufzubauen. Die ganze Stärke seiner Argumente — wie derjenigen Spinoza's — rührt von seiner Berufung auf die Notwendigkeit her. Nimmt man einmal die Erhaltung der Kraft an, so vermöchte nichts anders zu sein, als es ist oder war oder sein wird.

Die Nebularhypothese dient zur Illustration der ersten Stufe der Entwicklung. Die unbestimmte, zusammenhangslose Gleichartigkeit beginnt sich aus der ihr eigenen Unbeständigkeit zu bewegen. Sie tritt zuerst als ungeordnet ausgebreitete Materie auf. Die auf die einzelnen Teilchen wirkende, durch ein Widerstand leistendes Medium verteilte Kraft der Vervollständigung veranlasst jene, sich fortzubewegen, jedoch nicht in geraden Linien direkt nach ihrem Schwerpunkte, sondern auf gekrümmten Bahnen, die nach der einen oder der anderen Seite desselben gerichtet sind. So entstehen unter verschiedenartigen Bedingungen mannigfaltige von einander abgesonderte Massen, welche infolge der Erhaltung der Kraft zu Bewegungen von verschiedener Schnelligkeit und von verschiedenem Grade der Krümmung getrieben werden. Diese Differenzierung dauert so lange, bis die Massen gänzlich von einander getrennt sind, und die krummlinige Bewegung in Axialdrehung übergeht; das Zusammenwirken verursacht gleichzeitige Bewegung der Massen in den ihnen eigenen Bahnen. Weitere Verdichtung hat Wärme, Licht und Elektrizität zur Folge. In gleicher Weise werden alle astronomischen Erscheinungen erklärt.

Neben den Wirkungen der Kräfte, welche der Erde eigen sind, bringen die Sonnenstrahlen auf ihr ungleichmässige Luft- und Wasserströmungen hervor, indem sie die Vielfältigkeit der Wirkungen in geometrischem Verhältnisse vermehren. Die Hebungen und Senkungen der Erdoberfläche sind die Folgen der fortdauernden Integrationen ihrer geschmolzenen Masse. Da die Zusammenziehung an der Aussenseite rascher vor sich geht als im Innern, brechen Vulkane aus, und werden Gebirge aufgeschichtet. Die Gesteinschichten, die klimatischen Verschiedenheiten, die Strömungen, — jede geologische Differenzierung findet auf diese Weise ihre Erklärung.

Eine weitere Verwandlung der sich entwickelnden Kräfte erzeugt die rudimentären Formen organischen Lebens. Es wird nicht versucht, diesen höchst wesentlichen Punkt zu beweisen, sondern schlechthin erklärt, die Kräfte würden derart verwickelt, dass es unmöglich sei, der Vervielfältigung der Wirkungen im einzelnen nachzugehen. Eine Leugnung der Thatsache jedoch wäre gleichbedeutend mit der Verneinung der Erhaltung der Kraft.

Von einem blossen Gleichgewicht physikalischer Kräfte hängen nicht nur die ersten Keime des Lebens ab, sondern auch Anfang und Vollendung aller Organismen. Kein Keim trägt irgend eine Spur der zukünftigen Entwicklung in sich. Ein Urkeim wird zu einem pflanzlichen oder tierischen Organismus, auf der Bahn, welche den geringsten Widerstand leistet. Während jeder Fruchtkeim zuerst geschlechtslos ist, wird er, je nachdem die Kräfte nach der einen oder nach der anderen Richtung aus dem Gleichgewicht gebracht werden, männlich oder weiblich. So wird die Epigenesis gedeutet. Bei Spencer wird das Problem der organischen Entwicklung ganz und gar dem der Erblichkeit und der natürlichen Auslese einverleibt.

Auf das Wachstum eines jeden Keimes wirken die Verhältnisse seiner Umgebung bestimmend ein. Umgeben von Verhältnissen, welche verwickeltere Erfahrungen und Thätigkeiten erfordern, müssen manche Organismen, wie man annimmt, wenig ungleichartig werden. Alle diese Modifikationen werden von Generation zu Generation vererbt. Nur was am tauglichsten ist und sich seiner Umgebung angepasst hat, dauert aus. So findet dann nicht nur eine Differenzierung jeder Rasse in mehrere verschiedene Rassen statt, sondern auch eine Erzeugung fortschreitend höherer Formen. Rassen und Arten, die sich jetzt von einander unterscheiden lassen, waren ursprünglich eins.

Spencer's Lehre vom Geiste gehört der gewöhnlichen empirischen Associationspsychologie an, nur gekleidet ins Gewand der Evolutionstheorie. Wie vor ihm Hume und Mill, so unterscheidet auch Spencer am Bewusstsein den Zustand der Lebhaftigkeit und den der Schwäche, welche beziehlich der Sinneswahrnehmung und der Reproduktion entsprechen. Die Zustände der Lebhaftigkeit schliessen, wie man sie auffasst, thatsächliche, objektiv wirkende Mittel als ihre Ursache in sich, die der Schwäche dagegen abgeleitete, subjektive Bilder. Die gegensätzliche Beziehung von Subjekt und Objekt ist daher die absolute Vorbedingung, die grundlegende Thatsache des Denkens selbst. Wenngleich die wechselseitige Beziehung beider vorausgesetzt wird, wird die Erkenntnis fortwährend erklärt durch die freie Einwirkung des Objekts auf das Subjekt. Die vernünftige Geistesthätigkeit irgendwelcher Art stammt nicht aus irgend einer Selbstbestimmung des Geistes, sondern ganz und gar nur aus dem Mechanismus der Nerven. Das Nebeneinander und Nacheinander in den Vorgängen des Denkens ist bestimmt durch das Nebeneinander und Nacheinander der Nerventhätigkeit; diese wiederum hängt ab von den Gesetzen der molekularen Mechanik. Das Nervensystem stellt den eigentlichen Träger*) des geistigen Lebens dar. Denken ist lediglich wesenlos, der blosse Schatten eines organischen Gebildes; Wollen ist ein Ausbruch auf der Bahn des geringsten Widerstandes; Logik ist nur ein Gesetz der Mechanik; und die Wahrheit selbst ist weiter nichts, als ein Produkt der Nerventhätigkeit. Der eigentlich ursprüngliche Sinn war die Berührung, der unmittelbare Kontakt mit der Umgebung. Aus diesem Sinne haben sich alle anderen entwickelt; Raum, Zeit, die besonderen Arten der Sinne, die Fähigkeit zu abstrahieren u. s. w. stellen Formen seiner Differenzierung und Verteilung dar. Auf diese Weise beansprucht Spencer gegenüber dem Begriffe Mill's von der Einzelerfahrung einen Fortschritt gemacht zu haben zu dem der Rassenerfahrung, welche durch Vererbung und natürliche Auslese angesammelt wird. Es ist die Grundbedingung der Selbsterhaltung, das organische Gebilde der Umgebung gemäss zu gestalten**). Das Gesetz dieser Anpassung und somit das eigentliche Gesetz der Entwicklung organischer Gebilde liegt in der Häufigkeit, mit welcher die Beziehungen objektiver Erscheinungen in der Erfahrung wiedergegeben worden sind. Wenn auch das individuelle Nervensystem nicht einer so reichen Erfahrung unterworfen ist, dass es unser Geistesleben zu erzeugen vermöchte, wird doch die Erfahrung des Stammes der Organismen, welche unsere Ahnenreihe bilden, eine genügende Erklärung für die Sachlage bieten.

Individuelle Erfahrungen haben auf den Bahnen, wo der Widerstand am geringsten, langsam bestimmte Spuren der Nerventhätigkeit hervorgebracht, und so die entsprechenden Spuren im Bewusstsein. Durch die Vererbung werden diese Eigentümlichkeiten des organischen Baues und der Funktionen festgehalten und von Generation zu Generation fortgepflanzt, während durch die natürliche Auslese nur solche

---

*) § 469. Psychologie.
**) § 268. Psychologie.

Organismen erhalten bleiben, welche sich am geschicktesten angepasst hatten. Dies gilt für eine vollständige Erklärung der Entwicklung der Nerven und also der damit verbundenen Entwicklung des Geistes.

Die sozialen und die ethischen Kräfte sind abhängig von den physikalischen, und zwar durch Vermittlung der Lebens- und Geisteskräfte. Die Entwicklung der Gesellschaft hängt unmittelbar von Kräften ab, die der physischen Welt entstammen. Gedeihen und Zahl der Bevölkerung bedingen die Arbeitsteilung, welche wiederum jeden Fortschritt auf dem Gebiete der Kunst und Wissenschaft, wie der Kultur im allgemeinen ermöglicht. Regierung und staatliche Einrichtungen stellen Differenzierungen in der Richtung des geringsten Widerstandes dar.

Der Endzweck der Ethik ist die Befolgung der Gesetze des Lebens. Sie ist die Grundlage der Moralität und stellt das Ziel für die Charakterbildung auf. Moralität ist herausgewachsen aus den Freuden und Leiden der Erfahrung, — und das ist die Erfahrung im Hinblicke auf die Nützlichkeit, ausgebildet und festgelegt durch alle Geschlechter der Vergangenheit. Eine fortschreitende Anpassung an die Umgebung ist die grundlegende Hauptsache, und ein Zeitalter wird prophezeit, in welchem diese Anpassung vollständig und die menschliche Glückseligkeit vollkommen sein wird.

Hiermit jedoch haben wir unser Paradies zugleich gewonnen und verloren. Denn der Höhepunkt ist erreicht, und die Auflösung beginnt, das Werk der Entwicklung ungeschehen zu machen. Das Universum ist der Zersetzung und Zerstörung verfallen, — eine Rückkehr in den Zustand der Homogenität, wo die Entwicklung von neuem beginnen wird. Dieser Aufbau und Abbruch ist ein Prozess, dessen Perioden sich wiederholen bis in alle Ewigkeit, — „ever the same in principle but never the same in concrete results" (§ 183).

Kritik der Spencer'schen Evolutionstheorie.

1. Die Prinzipien des Mechanismus.

Spencer verneint die Möglichkeit der Metaphysik. Die Erkenntnis ist auf die Erscheinungswelt beschränkt; nur was in der Erfahrung gegeben ist, kann erkannt werden. Wir können die Art und Weise der kausalen Wirksamkeit schildern, vermögen aber nichts über die Ursachen selbst auszusagen. Daher hat die Aufgabe der Wissenschaft darin bestanden und besteht noch darin, von der allmeinen Erfahrung die festen Gesetze der Erscheinungen abzuleiten. Diese Gesetze identifiziert Spencer mit der theoretischen Mechanik, — der blossen Beschreibung kausaler Wirksamkeit. Es ist das grundlegende Merkmal seiner Philosophie, dass er diese mechanistische Auffassung der Welt annimmt, und zwar als ein methodisches Prinzip, welches er als universell auf alle Gebiete der Erkenntnis auszudehnen sucht. Die Forderungen und Gesetze der Physik treten als der Inbegriff der Wissenschaft auf, von der Leben, Geist und Gesellschaft nur besondere Kapitel sind. Alle Neben- und Nacheinander-Beziehungen der Erscheinungen sind gemäss dem Gesetze der Mechanik entstanden.

Spencer's Absicht ist es offenbar, genaue kausale Beziehungen festzustellen; die verursachten Wirkungen folgen notwendig auf die unmittelbar vorhergehenden Glieder.

Insoweit sucht er einer grundlegenden Forderung aller vernünftigen Wissenschaft nachzukommen. Um überhaupt verstanden zu werden, müssen die Ereignisse in einem logischen und realen Zusammenhang miteinander stehen; wirklichen Bedingungen müssen wirkliche Wirkungen folgen. Kontinuität und Gesetz sind Vorbedingungen eines jeden Systems. Ohne sie würde die physische Welt unverständlich sein, und das Denken selbst in Verwirrung geraten.

Er sucht auch das Komplizierte als das Ergebnis des Einfachen zu verstehen. Sind nur die Elemente und ihre Gesetze gegeben, so lassen sich alle Resultate daraus ableiten. Dies ist ebenfalls als methodisches Prinzip unbestritten, gewährt uns aber keinen Einblick in die Natur der Elemente. Spencer's Auffassung des Mechanismus als eines formalen Prinzipes hat nichts zu thun mit den Ursachen in ihrem Wirken; jener ist vereinbar mit jeder beliebigen Anzahl und Beschaffenheit von Kräften; es handelt sich bei ihm lediglich um eine Resultante, — das Parallelogramm der Kräfte. In diesem Sinne ist er von allgemeinster Gültigkeit.

Scharfe Folgerichtigkeit muss Spencer zwingen, sich auf eine blosse Beschreibung der Erscheinungen zu beschränken. Er sollte uns bloss ein regulatives System aufstellen, über dessen Realität nichts behauptet werden kann. An diesem Standpunkte ist insofern Kritik zu üben, als die Neben- und Nacheinander-Beziehungen — mag auch ihre Aufstellung eine notwendige Bedingung der Erkenntnis sein — doch, an und für sich betrachtet, schwerlich den Anspruch erheben können, eine strenge Wissenschaft zu bilden. Die Bedingungen der Erscheinungen sind für alle in gleicher Weise vorhanden. Sie gestalten die Thatsachen der Erfahrung, die ständigen Elemente aller Erkenntnis. Ueber sie kann nicht weiter gestritten werden.

Worum es sich nun eigentlich handelt, das ist die Erklärung der Erscheinungen. Der Verstand kann nicht einfach auf Untersuchungen wie die der Ursachen in ihrer Wirksamkeit verzichten. Dies geht ganz klar aus der Thatsache hervor, dass Spencer, während er von Metaphysik nichts zu wissen bekennt, fortwährend stillschweigend sehr bestimmte metaphysische Postulate annimmt. Von den Phänomena schliesst er auf Noumena, — auf das Absolute, das „Unerkennbare", und dies sucht er vergebens alles greifbaren Inhaltes zu berauben. Als solches würde es weiter nichts sein, als die hochtrabendste inhaltlose Verallgemeinerung. In der That dient es, in Ermanglung klarer Vorstellungen, nur als ein dunkler Zufluchtsort, woraus er hervorgehen kann mit irgendwelchen Kräften, wie die Bedürfnisse seines Systems sie fordern mögen.

Es kann jedoch in einer Schlussfolgerung nichts deutlich gemacht werden, was nicht schon in den Voraussetzungen enthalten war. Materie, Bewegung, Kraft, alle wissenschaftlichen Wahrheiten, welche er als real betrachtet, müssen daher in seinem ersten Postulate mit einbegriffen sein. Auf diese Weise gelangen wir zu einer erstaunlichen Kenntnis des Unerkennbaren.

Spencer behauptet auch, dass die in der Erfahrung gegebenen physischen und geistigen Erscheinungen Offenbarungen einer einzigen, beiden zu grunde liegenden Realität seien*). Auch dies ist eine rein metaphysische Annahme. Die Thatsache ist nicht in der Erfahrung gegeben, und wenn Spencer sie behauptet, verleugnet er seine Erkenntnistheorie. Wenn von Anfang an ein Dualismus vorliegt, so ist er in jeder Stufe der Schlussfolgerung enthalten, und keine Logik kann von da jemals zu einem Monismus gelangen. Der Denkprozess kann nichts beseitigen oder hinzufügen, sondern lediglich das, was ihm vorliegt, umfor-

---

*) Vgl., Tyndall, Nineteenth Century, Nov. 1878. S. 827. „It is no explanation to say that objective and subjective are two sides of one and the same phenomenon. Why should the phenomenon have two sides? This is the very core of the difficulty."

men. Es giebt keine apriorischen Gründe dafür, dass das Absolute sich in irgendwelchen besonderen Sinnbildern offenbaren sollte. — Das monistische „Unerkennbare" Spencer's ist eine trügerische Verallgemeinerung.

Nachdem fernerhin Spencer die Erscheinungswelt nach allgemeinen Gesetzen in ein System gebracht hat, geht er zunächst daran, die Kausalität aufzustellen und darzulegen, dass seine Beschreibung zu einem notwendigen Prinzip geworden ist, — eine Metaphysik der Physik. Dies thut er, ohne an den betreffenden Prinzipien Kritik zu üben. Er beruft sich einfach auf die ontologische Notwendigkeit. Jenseit der phänomenalen Mechanik wird eine metaphysische Mechanik angenommen. Diese jedoch ist in der Erfahrung nicht gegeben, sondern wird kurzer Hand vorausgesetzt.

Die Form der kausalen Wirksamkeit ist phänomenal, die Ursachen selbst sind metaphysisch. Wozu die Beobachtung nicht ausreicht, das behauptet er einfach im Vertrauen auf die Notwendigkeit. Aber trotz der Forderungen der Kausalität ist alle Berufung auf die Notwendigkeit doch nur eine Meinung, für deren Richtigkeit keinerlei Thatsachen bürgen, und muss immer hypothetisch bleiben.

Spencer's mechanische Auffassung erhält eine besonders bestechende Ausstattung von seiten der Naturwissenschaften, worin sie sich mit feststehenden empirischen Prinzipien vereinigt, die eine exakte Bestimmung zulassen. So nun werden für ihn die mechanischen Beziehungen der physikalischen Erscheinungen zum Urbilde aller Wirklichkeit, zu welchem er alles in ein unmittelbares Abhängigkeitsverhältnis zu bringen sucht. Die Gültigkeit dieses Begriffes und deren Grenzen zu prüfen, ist der unmittelbarste Zweck unserer Kritik.

Spencer's System zielt darauf hin, eine Synthese der Wahrheiten der physikalischen Wissenschaften zu sein. Demgemäss sucht er alle Dinge durch Ausdrücke der

Physik zu bezeichnen und den ganzen Weltprozess auf eine mechanische Wiederverteilung von Materie und Bewegung zurückzuführen. Das Absolute tritt hier auf als ausdauernde, unerkennbare Kraft. Aus diesem einen Prinzip versucht er alle anderen naturwissenschaftlichen Wahrheiten abzuleiten. Das Resultat jedoch ist kaum mehr, als ein Versuch. Kraft ist ein sehr abstrakter Begriff, von welchem nichts Konkretes abgeleitet werden kann. Der blosse Begriff wird uns niemals über sich selbst hinaus führen. Kraft im allgemeinen bestimmt keine Kraft im besonderen. Das Nachdenken findet in ihr weder für den Geist noch für die Materie eine Grundlage. Die gewöhnliche wissenschaftliche Auffassung betrachtet sie lediglich als Bewegung verursachend oder hemmend. Aber gerade dies lässt sich nicht aus dem bloss formalen Begriff ableiten. Abgesehen von konkreten Offenbarungen hat sie überhaupt keinen Sinn. Der tiefere Grund unserer Kritik jedoch liegt darin, das auch nicht eine solche Kraft in der Erfahrung gegeben ist. Wir haben es mit einer Menge von Kräften zu thun. Von diesen kann nicht eine einzige Kraft induktiv abgeleitet werden; eine solche Induktion würde eine reine Abstraktion ohne entsprechende Wesenheit sein. — Der Versuch, eine logische Abstraktion zum rohen Material einer Wissenschaft zu machen, schlägt fehl.

Hier ist es jedoch notwendig, sich klar zu machen, welchen Sinn Spencer mit seinen Ausdrücken verbindet. Die Kraft ist nur insofern erkennbar, als sie sich in der Materie und in der Bewegung offenbart. Wenn wir nun die Materie als träge ausgedehnte Atome betrachten, welche durch irgend eine von aussen kommende Kraft in Bewegung gesetzt werden, so verlieren wir uns alsbald in Mystizismus. Kein nachweisbarer Inhalt kann in einen solchen Begriff von der Kraft hineingelegt werden, und die Wissenschaft weiss keinen Ausweg. Wenn aber andrerseits etwa die Kraft der Natur der Atome innewohnt, — handelt es sich dann um irgendwelche andere Eigentümlichkeiten, als Ausdehnung und Bewegung, die als Anziehung und Abstossung zu Tage treten? Wenn nicht, so unterscheidet sich die Kraft in nichts von der in Bewegung befindlichen Materie und ist also ein überflüssiger Ausdruck. Ist sie mehr, als dies, so muss eben bestimmt werden, was sie ist. Erklärt man einfach alle Dinge für eine Folge der ausdauernden Kraft, ohne diese Ausdrücke zu definieren, so verwechselt man eben die Worte mit dem Inhalte. Ist die Kraft aber unbestimmbar, so hat für sie, wie für das Unerkennbare, die Wissenschaft keinen Platz. Solange Spencer keine andere Erklärung giebt, muss die Kraft identifiziert werden mit der Materie, deren Eigentümlichkeiten in der Ausdehnung und Bewegung bestehen. Die Bewegung kann sich entweder als Anziehung oder als Abstossung offenbaren; für sich allein aber ist sie nichts. So wird bei Spencer die Materie zu dem einzigen Ausdruck, welcher eine Wesenheit bezeichnet, — in Bewegung befindliche Materie. Die Materie jedoch, in ihrer Ausdehnung, ist in einzelne Atome differenziert; daher handelt es sich nicht um eine Kraft, sondern um viele einzelne Kräfte. Gerade die Materie selbst ist nur eine allgemeine Bezeichnung für den Inbegriff der Atome. Wir möchten deshalb natürlich erwarten, dass Spencer die Natur des Atoms, als des Elements seines Systems, untersuchen würde. Aber nirgends thut er dies. Die Kritik kann also nicht an diesem Punkte einsetzen. Es ist die ernsteste Anklage, die wir gegen unseren Philosophen richten, dass er seinen Ausdrücken nirgends einen klaren Inhalt giebt. Im letzten Grunde erklärt er sie für unerkennbar, — und das heisst alle Wissenschaft aufgeben.

Auch die „Erhaltung der Kraft" ist hyperempirisch. Aus der Erscheinungswelt möchte man direkt auf die entgegengesetzte schliessen. Die Bezeichnung beruht auf einer metaphysischen Auffassung von der Kontinuität des Seins.

Diese jedoch ist hypothetisch und liegt jenseit der Grenzen der Erkenntnis. Bei der obigen Erklärung der Kraft ist ihre Erhaltung identisch mit der Unzerstörbarkeit der Materie und der Kontinuität der Bewegung. Aber phänomenale Materie und Bewegung sind beide ephemerisch. Wir sind nun gezwungen, die Erscheinungswelt zu durchbrechen, das Gebiet der Noumena zu betreten und eine spekulative Theorie zu Hülfe zu nehmen. Diese besagt in Wirklichkeit, dass kein Atom jemals vernichtet wird; dass die Abnahme der Bewegung in einem Atom zusammentreffen muss mit einer entsprechenden Zunahme der Bewegung in irgend einem anderen Atom oder in anderen Atomen: die Menge der Atome und der Bewegung muss immer dieselbe bleiben. Dass die Atome unzerstörbar sind, ist so theoretisch, dass die Kritik weder eine zustimmende noch eine ablehnende Stellung dazu einnehmen kann. Von einem streng mechanistischen Standpunkte aus ist es offenbar ein notwendiges Postulat; für eine teleologische Betrachtungsweise aber ist es begreiflich, dass alte Elemente ausgestossen und neue eingefügt werden, — wie der Plan des Weltsystems erfordert. Hinsichtlich der Bewegung ist es leichter, eine Entscheidung zu treffen. Die Kontinuität besagt, dass der Anstoss zur Bewegung in einem Körper durch einen gleichwertigen Verlust vorausgegangener Bewegung in einem anderen Körper oder in anderen Körpern gegeben wird, und dass das Quantum der Bewegung immer dasselbe ist. Keine von diesen Behauptungen erscheint, den Thatsachen der Erfahrung gegenüber, annehmbar. Bei der Beschleunigung der Geschwindigkeit fallender Körper ist das Quantum der Bewegung offenbar in jedem folgenden Augenblicke ein anderes, während nirgends etwa dafür ein Verlust an Bewegung eintritt. Es ist undenkbar, dass alle die Massenbewegung, welche bei einer Dynamitexplosion zum Ausdruck kommt, vorher als unsichtbare Molekularbewegung vorhanden war; die wirklichen Quantitäten der Bewegung sind von grösster Verschiedenheit. Es ist nicht möglich, die Kontinuität der Bewegung aufrecht zu erhalten ausser durch Zuhülfenahme solch gekünstelter Redensarten, wie „latente Bewegung", „eingeschlossene Bewegung" etc., welche mit der Thatsache, die sie behaupten, selbst im Widerspruch stehen.

Da die in Bewegung befindliche Materie der einzige Spencer'sche Begriff ist, welchem eine Wesenheit entspricht, müssen offenbar alle Erscheinungen hierauf zurückgeführt werden können. Dies sucht er an der Verwandlung und der Gleichwertigkeit der Kräfte oder der Erhaltung der Energie nachzuweisen. Es besagt dies, dass jede Kraft direkt oder indirekt in eine gleichbedeutende Quantität irgend einer anderen Kraft oder anderer Kräfte verwandelt werden kann. Die Kräfte müssen, wie wir gesehen haben, identifiziert werden mit den differenzierten Atomen der in Bewegung befindlichen Materie. Die Atome an und für sich können nicht noch weiter verwandelt werden und müssen daher immer dieselben bleiben. In diesem Sinne können die „Kräfte" nicht in einander verwandelt, wohl aber lediglich auf gleiche Ausdrücke zurückgeführt werden. Alle Verwandlungen der Kräfte sind daher als verschiedene Verbindungen von Materie und Bewegungsarten aufzufassen. Die wirklichen Veränderungen sind dann die der Bewegung. Dies entspricht den Lehren der Physik. Wärme, Licht, Elektricität, Magnetismus, etc. — alle werden als verschiedene Arten der Molekularbewegung betrachtet. Wenn Spencer mit seinen Ausdrücken mehr meint, als dies, so sind dieselben handgreiflich inadäquat. Mag dieser Begriff auch in Gedanken ausführbar sein: inwieweit vermag er die Thatsachen zu erklären? Wenn wir annehmen, dass die Atome gleichartig sind, indem sie eine gleiche Quantität und Qualität von Kräften darstellen, so würden gleiche Quantitäten von Atomen immer gleiche Quantitäten von Kräften darstellen. Aber dies vermöchte gerade nicht die

Differenz, welche sich in den chemischen Elementen offenbart, zu erklären, und noch viel weniger die Verschiedenheit der Kraft bei gleichen Quantitäten der Verbindungen jener. Es ist kaum denkbar, dass diese gewaltigen Unterschiede einfach von einer Verschiedenheit der Atombewegung, die in den verschiedenen Zusammensetzungen nicht bemerkt werden kann, herrühren könnten. Wenn jedoch dies nicht der Fall ist, müssen die Atome selbst in den Qualitäten und Quantitäten ihrer Kräfte ungeheuer differieren. In der That lassen die Elemente unter verschiedenen Umständen sehr verschiedene Wirkungen zu Tage treten. Wenn dies wahr ist, wird die Verwandlung und Gleichwertigkeit der Kräfte im letzten Grunde zur Unmöglichkeit. Nur wenn die gesamte Erscheinungswelt in quantitativen Verhältnissen ausgedrückt werden kann, ist solch eine Idee ausführbar.

Dass die Energie, welche mit jedem Atome verbunden ist, oder das Zusammenwirken aller Atome in ihrer Vereinigung immer erhalten bleibt, scheint eine sehr vernünftige Annahme zu sein, die zudem erfahrungsmässig bewiesen werden kann. Aber dies ist etwas anderes, als die Verwandlung und Gleichwertigkeit der Kräfte.

Aber gerade wenn die Mannigfaltigkeit der Kräfte und ihres Zusammenwirkens so gross als möglich ist, können sie sich lediglich in Stoff und Bewegung der Atome offenbaren. Nichts anderes ist vorgesehen. Im Wesen der Elemente muss jedoch irgend etwas sein, was die auswählende Thätigkeit bedingt, welche in der chemischen Verwandschaft, der Krystallisation, den Organismen, etc. zu Tage tritt. Obgleich diese nur Wiederverteilungen der auf den Bahnen des geringsten Widerstandes in Bewegung befindlichen Materie sind, scheinen sie doch unendlich mehr zu sein. Dies gilt besonders für die Thatsachen des Bewusstseins, wo wir einen Faktor finden, der so gänzlich verschieden von der Materie wie von der Bewegung ist, dass Spencer's Streben, ihn auf diese Begriffe zurückzuführen, unglaublich erscheint.

Er anerkennt sowohl die geistigen als auch die physischen Merkmale an den Offenbarungen des „Unerkennbaren". Warum die physischen die Wahrheit genauer auszudrücken vermöchten, als die geistigen, das wird uns nicht erklärt. Dennoch bevorzugt er die physischen Ausdrücke und sucht sogar den Geist auf sie zurückzuführen. Ein solches Beginnen jedoch ist durchaus unausführbar. Das Denken an und für sich ist gänzlich verschieden von den Dingen; und es ist eine Absurdität, das eine auf das andere zurückzuführen. Jede Umbildung, die mit Geist beginnt, muss auch mit Geist enden und kann nichts anderes einführen. Ist der Geist eine Realität in dem Sinne, dass er sich in materiellen Formen ausdrücken liesse, so muss er notwendigerweise materiell sein*). Fasst man jedoch den Geist als ein blosses Sinnbild auf, so giebt man ihn gänzlich preis.

Der Versuch, alle Dinge auf physikalische Aussprüche zurückzuführen, schlägt fehl. Da der Geist nicht in der Materie gegeben ist, kann er auch niemals hineingebracht werden. Durch Spencer's System wird das wertvollste Element der Wissenschaft beseitigt, — das, was überhaupt die Wissenschaft möglich macht.

2. Die Formel der Evolutionslehre.

Spencer meint, dass sein Entwicklungsgesetz die tiefsinnigste Formel für die Vorgänge der Wirklichkeit sei. Eine nähere Untersuchung jedoch muss gewichtige Einwände dagegen erheben. Es ist hier, wie überall, schwer, seine Ausdrücke zu verstehen. Genau genommen, ist seine unbestimmte, zusammenhangslose Gleichartigkeit eine blosse logische Abstraktion ohne irgend welchen Sinn; sie führt

---

*) Vgl. Martineau, The Place of Mind in Nature, London 1872. „If all force is to be conceived as one its type musst be looked for in the highest and all-comprehending term; and mind must be conceived as there".

uns zu dem Trugschlusse des reinen Seins. Sie sollte die potentielle Grundlage für alle Ergebnisse seines Systems, bis auf die kleinste Einzelheit, sein; doch kann nichts von ihr abgeleitet werden. Die Materie muss, wie wir gesehen haben, behufs ihrer Integration, wenn ein begreiflicher Inhalt gegeben ist, als differenzierte, im Raume verbreitete Atome gedacht werden. Integration bedeutet dann einfach ihre Vereinigung vermöge eines Prinzipes der Anziehung. Genau das Gegenteil scheint betreffs gewisser Gase zu geschehen. Ferner haben diese Ausdrücke, auf Bewegung bezogen, keinen Sinn. Dass Bewegung unbestimmt, zusammenhangslos und der Differenzierung wie der Integration fähig sei, beruht auf blosser Einbildung. Da Bewegung an und für sich nichts ist, kann sie auch auf keine Weise verteilt werden. Der einfache Sinn solcher Ausdrücke müsste dann sein, dass, wie die Atome ihre Beziehungen verändern, auch die Arten der Bewegung anders werden.

Bei dieser Auffassung wird es augenscheinlich, dass die Formel sich auf die Thatsachen des Fühlens, Denkens, der Ethik, Religion etc. absolut nicht anwenden lässt und also weit davon entfernt ist, den allumfassenden Werdeprozess auszudrücken. Aber selbst auf die Wiederverteilung der in Bewegung befindlichen Materie beschränkt, ist die Formel so allgemein, dass sie nichts bedeuten kann; Differenzierung und Integration hat, auf einzelnes angewandt, keinen Sinn. Eine kaleidoskopische Reihe sowohl, wie die einfachste Ansammlung ist mit dem Gesetze kommensurabel; seine Hauptbedeutung bezieht sich nur auf sich abkühlende Körper, hat aber weiter keinen Sinn. Auf die Erscheinungen der Organismen und des Lebens angewandt, ist es leer und nichtig. Im günstigsten Falle könnte das Gesetz nur eine Beschreibung des Werdeprozesses bieten, nicht aber eine Erklärung für ihn selbst geben.

Wenn schliesslich, worauf Spencer verharrt, die Materie für eine blosse Erscheinung angesehen wird, welcher kein fassbarer Inhalt entspricht, so werden in gleicher Weise Integration und Differenzierung zu solchen Erscheinungen, und die ganze Formel wird zum dunkelsten Rätsel.

Die Formel bezieht sich nur auf die Integration der Materie und der damit verbundenen Zerstreuung der Bewegung. Auf das Gebiet des Geistes lässt sie sich daher absolut nicht anwenden. Spencer stellt den Geist als eine Integration der Zustände des Bewusstseins dar. Aber sind diese Zustände Materie? Wenn nicht, so passt seine Formel nicht. Es wird jedoch zugegeben, dass Bewusstsein und Materie inkommensurabel sind. Auch kann das Bewusstsein ebensowenig Bewegung sein, da diese lediglich eine Thätigkeit der Materie, nicht aber etwas an und für sich ist. Da aber das Bewusstsein weder zur Materie noch zur Bewegung in Beziehung gebracht wird, findet es keinen Platz mehr in Spencer's Formel. Die Kritik muss wohl auch hervorheben, dass das Bewusstsein, gemäss der ihm eigenen Natur, ein einheitliches Subjekt erfordert und also nicht als Integration einzelner Teile betrachtet werden kann. Da die Formel nicht auf die Thatsache des Geistes an sich angewandt werden kann, lässt sie sich auch nicht auf die Produkte des Geistes anwenden. Spencer's Illustrationen des Entwicklungsgesetzes auf dem Gebiete der Wissenschaft, der Sprache, der Regierung etc., sind im höchsten Grade unglücklich gewählt. Was findet sich an Integration der Materie und Zerstreuung der Bewegung zum Beispiel in der psychologischen Wissenschaft? In all den Differenzierungen der Worte und den Zusammensetzungen, welche die Sprache bilden, können wir absolut keine Beziehung zur Materie und Bewegung auffinden. Gerade wenn der Geist selbst materiell aufgefasst wird, würde die Formel, solchen Abstraktionen gegenüber, ganz sinnlos sein. Lediglich als eine relative Beschreibung des Werdeprozesses betrachtet, erkennt sie nichts vom Innern der Sphäre der

Intelligenz und verfehlt so ihren Zweck, eine allgemeine Formel des Weltprozesses zu werden*).

3. Das Homogene.

Die Evolution sucht jede Veränderung und Differenzierung zu erklären; alles Vergangene soll den Grund für alles Gegenwärtige enthalten. Logischerweise ist sie daher gezwungen, auf eine Zeit zurückzugehen, wo es weder Veränderungen noch Unterschiede gab, — also zu einer ursprünglichen Gleichartigkeit. Um seine erstmalige Differenzierung zu erklären, denkt man sich das Gleichartige als einen Zustand labilen Gleichgewichts. Dieses Prinzip scheint einen ganz augenfälligen Widerspruch zu enthalten. Sowohl vom Standpunkte der Logik als auch von dem der Mechanik muss das Gleichartige das einzige wirklich Stabile sein, da es keinerlei Gegensätze in sich enthalten kann. Es verhält sich gänzlich indifferent, kann in sich nicht den Grund zu irgend welchem Wirken enthalten und muss daher immer im Zustande des Gleichgewichts verharren. Solange es gleichartig ist, muss es stabil sein; solange es labil ist, kann es nicht gleichartig sein; die nämlichen Ausdrücke stehen mit einander im Widerspruch.

In gleicher Weise ist die Beweisführung mangelhaft, durch welche dieses Prinzip aufgestellt wird. Da es sich nur auf Erfahrungsthatsachen bezieht, so bestehen alle Illustrationen, welche Spencer hierzu giebt, aus bloss nominellen Homogenitäten, auf welche zufällige Kräfte einwirken. Aber solche Illustrationen vermögen nicht eigentlich zu illustrieren. Solange sich uns ein Schauspiel zufälliger Kräfte bietet, ist nicht eine Homogenität, sondern eine Heterogenität an den Anfang zu setzen. Auch kann — das ist klar — dieses Prinzip nicht aufs Absolute angewandt werden; ausserhalb des Alls können keine zufälligen Kräfte ihr Spiel treiben.

---

*) Vergl. Guthrie, On Mr. Spencer's Formula of Evolution, London 1879.

Im letzten Grunde fasst Spencer das Gleichartige als unerkennbare, fortbestehende Kraft auf. Es wird zuerst wahrnehmbar und somit erkennbar in der Form von ungeordnet ausgebreiteter Materie und Bewegung, welche alle Gegensätze, Anziehung und Abstossung, chemische Verbindung, atomische Einzelheit, etc., enthält. Erfahrungsmässig haben wir's daher niemals mit einem wirklichen, sondern nur mit einem relativ mehr oder weniger Gleichartigen zu thun (§ 116, Anmerkung). Beginnen wir jedoch mit dem Heterogenen, so kann — wie weit wir auch zurückgehen mögen — die Beweisführung, weder in logischer noch in mechanistischer Hinsicht, jemals zum Homogenen gelangen. Die am Anfange vorgefundene Heterogenität ist jeder folgenden Stufe, bis zum Ende, eigen. Andererseits können wir, wenn wir das Homogene an den Anfang stellen, niemals beim Heterogenen ankommen. Es ist ein rein formaler Begriff, dessen eigentliche Beschaffenheit keinen Fortschritt ausserhalb seiner selbst zulässt. Es ist öde Indifferenz. Dies Gleichartige läuft also auf eine blosse Abstraktion hinaus, — ist nur eine trügerische Verallgemeinerung.

Das „Gleichartige", welches Spencer in Wirklichkeit behandelt, wird zunächst als ausgebreitete Materie betrachtet, endlos durch einen in sich zusammenhängenden Äther ausgedehnt und mit allen seinen jetzigen Eigenschaften, Kräften und Gesetzen ausgestattet. Die Nebularhypothese liefert das Bild. Wie es zu dieser erstmaligen Differenzierung gekommen ist, darüber werden wir nicht aufgeklärt. Sie wird kurzer Hand angenommen. Und doch ist man, wenn Spencer die Heterogenität einer beliebigen Differenzierung an die erste Stelle setzt, in gleicher Weise berechtigt, irgend einen Grad der Differenzierung anzunehmen. Die Logik drängt ihn zum Begriffe des Gleichartigen, ohne welches die Entwicklung unvollständig ist. Bleiben wir bei seiner Annahme stehen, so stossen wir an jedem Punkte auf unüberwindliche Schwierigkeiten. Seine Argumente laufen hier immer auf eine Berufung auf die Notwendigkeit hinaus, neben einer freien Inanspruchnahme von zufälligen Kräften in allen Notfällen, ohne dass sie näher erklärt werden. Aber gerade den zufälligen Kräften muss eine Grenze gesetzt werden; keine von ihnen kann ausserhalb des Alls sein. In diesem Falle erklärt Spencer den Beginn der Bewegung mit der ungleichmässigen Einwirkung der Teile aufeinander. Warum jedoch? Hierauf giebt es keine Antwort. Dies verneint geradezu die Homogenität und führt einige differenzierte Kräfte in das System ein, welche inkommensurabel mit dem einfachen Begriffe sind. Spencer's Gleichartiges ist ein unbestimmter Begriff ohne bestimmbare Grenzen. Es möchte scheinen, als sei es in letzter Hinsicht aus kugelförmigen Atomen von gleicher Grösse zusammengesetzt, welche sich in einer bestimmten Weise bewegen und sich endlos ausdehnen zu der Form einer Kugel. Aber dies ist keine Homogenität, und Spencer's ganzes Argument ist entkräftet. Er setzt auch einen weiteren Zustand der Dinge voraus, welcher nicht erklärt wird. Dieser stellt die ungeordnet ausgebreitete Materie des Universums dar, welche, vom Gesetze der Schwerkraft beherrscht und plötzlich gehen gelassen, auf einmal beginnt, sich nach einem gemeinsamen Zentrum hin zu bewegen. Bei dieser Annahme „we have in the gravity of its parts a force adequate to produce the motions now going on" (§ 68). Doch woher kommt diese Ausbreitung der Materie, die dem Gravitationsgesetze zuwiderläuft? Weder die Notwendigkeit noch das Prinzip antwortet uns hierauf. Hier liegt das grösste Rätsel vor, eine Verneinung der Kräfte in ihrer Thätigkeit, und so eine Veranlassung zur Verwunderung.

Auch dass die Schwerkraft der einzelnen Teile die wirklichen Bewegungen, welche jetzt im Weltall vor sich gehen, hervorbringen sollte, ist keine Wissenschaft, sondern eine blosse Behauptung. Eine solche Auffassung widerspricht gerade dem Gravitationsgesetze. Wenn dieses Gesetz allein wirken würde, so müsste es, anstatt die Differenzierung und die lebendige Thätigkeit des Universums hervorzubringen, alle Teile zu einem toten Stillstande zusammendrängen.

Um dieser Schlussfolgerung zu entgehen, behauptet Spencer, dass der Schwerkraft der Widerstand eines Mediums entgegensteht, durch welches die Atome oder der Nebel sich bewegen, und dass die Resultante der Bewegung eine Kurve nach der einen oder anderen Seite des gemeinschaftlichen Schwerpunktes ist. Ferner wird behauptet, dass „infolge der Zusammensetzung der Kräfte" solche kurvenförmige Bewegungen, wie „leicht gezeigt werden kann", in einer Rotation der Nebelmasse endigen, und zwar alle in derselben Richtung.

Wieder jedoch fragen wir nach einer Erklärung. Worin besteht die Natur dieses Widerstand leistenden Mediums? Wenn irgend etwas, so muss dieses aus atomischer Materie zusammengesetzt und somit selbst dem Gravitationsgesetze unterworfen sein.

Daher muss der einzig mögliche Widerstand in dem Gegeneinanderwirken der Atome selbst liegen. Da sie aber alle unter demselben Anstosse der Schwerkraft stehen, lässt sich in mechanischer Hinsicht nachweisen, dass jede Form des Widerstandes gegenseitig, und das Parallelogramm der Kräfte immer auf das gemeinsame Zentrum gerichtet sein muss. Das Widerstand leistende Medium erweist sich bei näherer Prüfung als ein Gespenst der Phantasie, und die abweichende Richtung der Bewegung als ein Pflaster auf die Wunden der Spencer'schen Theorie. Wenn dies wahr ist, sind die einzigen Gründe, welche er für die Rotation des Nebels geltend machen konnte, vernichtet. Aber selbst wenn wir das Vorhandensein solcher Bedingungen annehmen würden, scheinen uns keine Gründe dafür vorzuliegen, dass die Rotation in ein und derselben Richtung beginnen oder

ganz und gar darin verharren sollte. Dies würde einen
ungleichmässigen Widerstand auf entsprechend verschiedenen
Seiten der betreffenden Nebelmasse voraussetzen. Wie aber
ist dieser ungleichmässige Widerstand, und wie alles auf
dieselbe Weise möglich? Dies ist, unseres Erachtens, nicht so
„leicht nachzuweisen", oder wenn doch, so wäre es besser
gethan als gesagt. Vom Standpunkte der Mechanik giebt
es keine Prinzipien, die es rechtfertigten. Es würde reiner
Zufall sein. Durch keine „Zusammensetzung von Kräften"
kann ein solches Ergebnis eingeschmuggelt werden. Solche
Kräfte und ihre Art der Zusammensetzung müssen selbst
erst erklärt werden. Wir haben jedoch gesehen, dass alles
mögliche Zusammenwirken von Atomen oder Nebel in
ein Paralellogramm der Kräfte auslaufen muss, welches
auf den gemeinsamen Schwerpunkt gerichtet ist, und dies
würde zutreffen bei der Voraussetzung irgend eines begreif-
baren, Widerstand leistenden Mediums. Ueberdies steht
nicht nur das Prinzip, sondern auch die Thatsache in Frage.
Die Monde des Uranus und Neptun wenigstens bewegen
sich, wie man entdeckt hat, von Osten nach Westen, im
Gegensatze zu dem übrigen Planetensysteme. Der Sinn
von Spencer's Argumenten ist klar. Er hat die Absicht,
die thatsächlichen Rotationen und Umdrehungen der Himmelskörper aus einer ursprünglichen, ausgebreiteten und unter
dem Einflusse des fundamentalen Gravitationsgesetzes wirkenden Materie abzuleiten. Dies ist, wie wir zu zeigen
gesucht haben, vom Prinzip der Mechanik selbst aus unmöglich. Spencers System braucht einen deus ex machina.
Die einzig mögliche Form der Nebularhypothese setzt ur-
sprüngliches tangentiales wie auch gravitatives Streben
voraus, von welchem der Urnebel erfüllt ist. Gerade wenn
die Theorie diese Bedingungen zugiebt, hat sie mit den
grössten Schwierigkeiten zu kämpfen.

Im Bezug auf das astronomische System, wie es jetzt
ausgebildet ist, finden wir nicht nur das Gravitationsgesetz,

sondern auch das Gesetz der Trägheit in Wirksamkeit. Die Bahnen, welche die Himmelskörper beschreiben, sind Resultanten der beiden zusammenwirkenden Kräfte. Newton's Beweis behält seine Gültigkeit in diesem Problem. Die verschiedenartigen Bewegungen jedoch sind gegeben, nicht aber abgeleitet. Sie können in der That gar nicht abgeleitet werden.

Aus der kritischen Untersuchung geht hervor, dass der Evolutionist, wie weit er auch zurückgehen mag, eine gewisse genaue Anordnung der Teile und allgemeine Gesetze der Wirksamkeit annehmen muss, auf welche blosser Mechanismus oder Naturwissenschaft uns keine Antwort geben kann. Der Mechanismus kann sich nicht selbst hervorbringen. Die folgenden Glieder können durch die vorhergehenden erklärt werden, aber diese Methode allein würde sich in ein endloses Zurückgehen verlieren; die vorangehenden Glieder bleiben unerklärt. Die Faktoren des Prozesses können nicht aus dem Prozesse selbst abgeleitet werden. Aus einer unbestimmten, gesetzlosen Homogenität kann niemals ein gesetzmässiges System hervorgehen.

4. Die Organismen.

Die schwierigste Aufgabe der wissenschaftlichen Evolution besteht in der Erklärung der Entwicklung des Organischen aus dem Anorganischen. Wie seltsam es auch klingt, — Spencer giebt uns, herausgefordert von seinen amerikanischen Kritikern[*]), an diesem allerwichtigsten Punkte bloss eine lose Vermutung. Nachdem er gezeigt, wie der Chemiker durch „künstliche Evolution" ein höchst kompliziertes Molekül aufbaut, indem er verschiedene Elemente vermischt und wieder vermischt, folgert er, dass in gleicher Weise die natürliche Evolution die den Organismen gemeinsamen Elemente zubereitet hat, und durch eine Fort-

---

*) Vergl. Biol. vol. 1. Appendix.

setzung des Prozesses das „entstehende Leben (nascent life), welches sich in diesen „organischen" Mischungen entfaltet hat, endlich zu einem derartigen Ausdrucke gelangt, dass es wirkliches Leben darstellt. Das mag als Poesie geschätzt werden, als Wissenschaft ist es verfehlt.

Unser Philosoph geht von einem komplizierten Molekül und von Elementen, die sich einfach miteinander vermischen, aus und langt schliesslich bei einem organischen Moleküle an. Wodurch aber unterscheiden sich diese? Alles, was wir in der ersten Zusammensetzung haben, das sind verschiedene Atome von verschiedener möglicher Grösse, Form und Art der Bewegung. Enthält die zweite Zusammensetzung irgend etwas, was sie von der ersten unterscheidet? Wenn dies der Fall, so muss bestimmt werden, was es ist, und wie es hinein kam. Augenscheinlich kann ein blosses Vermischen nichts Wesentliches hinzufügen, und kommt daher die zweite Zusammensetzung dem organischen Leben nicht näher, als die erste. Wenn aber das Organische nichts weiter bedeutet, als Zusammensetzung, dann sollten wir bei dem ersten Ausdrucke stehen bleiben und uns vor Verwirrung bewahren. Es ist sehr klar, dass der Chemiker niemals über die Zusammensetzung hinaus gelangt und niemals auch nur einen Schein von Leben hervorbringt. Dasselbe muss, in diesem Betrachte, von der natürlichen Evolution gelten; sie kann niemals über die Zusammensetzung hinausgehen*). Diese Methode der Entwicklung vom Anorganischen zum Organischen ist verfehlt. Sie hat nur Sinn, wenn wir diesen Unterschied zwischen ihnen in hergebrachter Weise nehmen, — und dann lassen wir das Problem fallen.

---

*) Vergl., Fiske, Outlines of Cosmic Philosophy, New York 1874. S. 434. „The evolution of living things is a not improbable concomitant of the cooling down of any planetary body which contains upon its surface the chemical constituents of living matter".

Was das Materielle betrifft, so muss augenscheinlich alle Wiederverteilung („redistribution") gemäss den mechanischen Gesetzen der Bewegung vor sich gehen. Dies gilt für alle Fälle, — ob wir nun das Anorganische oder das Organische, ob die Bewegung der Planeten, die chemischen Verbindungen oder lebende Organismen betrachten. Eine Ausnahme ist nicht denkbar. Jedoch der Vorgang ist rein formal. Die Hauptfrage geht dahin, wie wir die in Wirksamkeit befindlichen Kräfte erklären sollen. Dies würde uns notwendig zu tiefen metaphysischen Fragen führen, und da Spencer nirgends auf das Problem eingeht, hat sich unsere Kritik nicht hiermit zu beschäftigen. Er bestrebt sich, ganz auf naturwissenschaftlicher Grundlage zu stehen und scheint den Schluss zu ziehen, dass die ausgedehnten Atome der Sitz von Kräften sind, welche, wie man annimmt, durch den leeren Raum hin ausströmen und einander anziehen und abstossen. Diese Ansicht jedoch kann nichts weiter sein, als ein bequemes praktisches Hülfsmittel der Physiker; ihre metaphysische Unhaltbarkeit springt in die Augen, wenn man nur ein wenig nachdenkt. Die Atome können sich nicht ausdehnen, — sie müssten denn teilbar und also keine Einheiten sein. Dass Kräfte von den Atomen ausströmen, ist die leerste Erdichtung, abstrahiert von der Thätigkeit der Dinge; wenn die Atome im leeren Raume existieren, liegt keine Möglichkeit vor, den Abgrund zwischen den Atomen zu überbrücken. Wir werden dazu gedrängt, in ein Prinzip der prästabilierten Harmonie zurückzufallen, welches die Thätigkeit und das Zusammenwirken solcher Kräfte verneint und mit dem Geiste des Spencer'schen Systems ganz und gar im Widerspruche steht. Selbst wenn wir den Aether in Betracht ziehen und das Auseinanderstossen der Raumbeziehungen herstellen, sind die Schwierigkeiten nicht geringer. Das System als Ganzes erfordert, dass die Thätigkeit eines Elementes durch die Thätigkeit aller anderen bestimmt werde, — und doch ist solch ein Zusammenwirken von gänzlich unabhängigen oder individuellen Kräften undenkbar; — es muss irgend ein einheitlicher Träger dieser Kräfte vorhanden sein. Aber Spencer wendet sich, wie wir gesehen haben, dagegen, dass man den Elementen irgend einen bestimmten Inhalt oder Sinn gebe. Sie sind im letzten Grunde unerkennbar. Auf diese Weise jedoch verfällt man in einen Mystizismus, auf welchen die Wissenschaft sich nicht einlassen kann. Unsere Erklärungen der Spencer'schen Lehre müssen vom naturwissenschaftlichen Standpunkte ausgehen.

Gehen wir über die Schwierigkeiten der ersten Evolution hinweg, so finden wir im Anorganischen vieles, was mit einer rein mechanistischen Hypothese schwer vereinbar ist. In den rohesten Gebilden, besonders in den Erscheinungen der Krystallisation und des Isomerismus tritt uns etwas entgegen, was in hohem Grade auf eine Idee und eine Anordnung schliessen lässt. Wir geben uns nicht damit zufrieden, es dem Zufalle oder der mechanischen Notwendigkeit zuzuschreiben. Das Zustandekommen solch wunderbarer Verbindungen zwingt uns zum mindesten zu der Annahme, dass auswählende Kräfte in den betreffenden Elementen wirksam sind. Die Natur dieser Kräfte steht in Frage. Die Annahme, dass die gegebenen Elemente Kräfte der gegenseitigen Anziehung und Abstossung enthalten, welche geeignet sind, die gegebenen Resultate hervorzubringen, mag immerhin möglich sein; aber der Geist ist in hohem Grade unbefriedigt. Gehen wir jedoch zu den elementarsten Prozessen des organischen Lebens über, so steigert sich dieses Unbefriedigtsein aufs höchste. In jedem Falle sind wir gezwungen, auswählende Kräfte in den Elementen anzunehmen, von welchen die Physiker nichts wissen. Bedenken wir, dass Keime, die augenscheinlich gleich sind und auf demselben Boden wachsen, und Tiere, die in hohem Grade gleich, sich von denselben Stoffen nähren, alle sich zu einer solch ausserordentlichen Mannigfaltigkeit der organischen Formen entwickeln, so ist es unbegreiflich, dass diese lediglich aus einer Verschiedenheit ursprünglicher, koexistenter Elemente in dem Keim und der Umgebung hervorgehen sollten. Oder bedenken wir die Mannigfaltigkeit und Beständigkeit der Organismen, den Vorgang der Ernährung und Wiedererzeugung, der Erblichkeit, etc., so wird jene Auffassung zur Absurdität. Es ist reiner, mechanischer Atomismus, der nicht ernstlich behauptet werden kann. Von diesem Standpunkte könnte ja der Chemiker, ebenso wie die Natur, Organismen und Leben hervorbringen, einfach durch eine Vermischung von Elementen.

Das grösste Hindernis für die materialistische Evolution liegt jedoch in der Thatsache des Gefühls und des bewussten Lebens*). Keine denkbare Form der in Bewegung befindlichen Materie kann uns eine haltbare Erklärung geben. Das Bewusstsein ist grundverschieden von jedem materiellen Faktor. Was wir auch an solchen Faktoren haben, — es sind Atomverbindungen, so verschieden, wie dies möglich ist, an Gestalt, Grösse und Arten der Bewegung, aber ohne irgendwelche Aehnlichkeit mit Fühlen, Bewusstsein und Denken.

Um jemals aus Verbindungen materieller Elemente hervorgehen zu können, müsste das Bewusstsein notwendigerweise von Anfang an in ihnen enthalten sein. Seinen Illustrationen nach scheint Spencer anzunehmen, dass bewusstes Leben den einzelnen Elementen innewohnt, wie eine Art rohen Materials, aus welchem individuelles bewusstes Leben gemischt werden kann. Wäre dies wahr, dann vermöchte wieder chemische Verbindung einen lebenden Organismus zu erzeugen. Aber Fühlen, Bewusstsein und Leben sind Begriffe, welche nichts einzelnes ausdrücken; Leben bedeutet nicht eine Summe von Einzelleben, noch auch Geist

---

*) Vgl., Tyndall. Nineteenth Century, 1878. S. 818. „If asked to deduce from the physical interactions of the brain molecules the least of the phenomena of sensation or thought we must acknowledge our helplessness".

etwa Geister. Wenn die Elemente, aus welchen alle Organismen bestehen, als im Besitze von Fühlen und Leben betrachtet werden, haben wir eine Art Hylozoismus, – und Spencer scheint hierzu gedrängt zu werden.

Mit dieser Auffassung ist die grosse Schwierigkeit verbunden, dass die Einheit des Geisteslebens unerklärt bleibt. Was auch immer von Bewusstsein wir in den Elementen annehmen mögen, sie können sich nicht gegenseitig bemerken, und wir würden einfach Bewusstseinszustände, aber keine Einheit des Bewusstseins haben. Um aber das Denken zu ermöglichen, müssen die verschiedenen Elemente mit einander verbunden werden zu einem einheitlichen Urteile; das geistige Leben muss ein Subjekt haben. Dies ist ein neuer und unabhängiger Faktor, welcher ganz selbständig dasteht: es ist ein Agens, welches keinerlei Aehnlichkeit mit der in Bewegung befindlichen Materie hat.

Jeder Organismus schliesst eine Unterordnung der Teile unter den Plan und den Zweck des Ganzen in sich. Dieser Plan und Zweck offenbart eine Intelligenz, welche für das Denken den Hauptfaktor des Interesses bildet. Die Intelligenz erfordert in gleicher Weise ein Subjekt und hat ohne ein solches keinen Sinn. Da aber Spencer nirgends die Thatsache des Bewusstseins, des Lebens und der Intelligenz in der Welt erklärt, ist sein System vor allem hinsichtlich dieser Thatsache verfehlt.

5. Die Erblichkeit.

Spencer fasst das ganze Problem der biologischen Entwicklung und ebensolchen Fortschritts zu einer Theorie der Erblichkeit oder Rassenerfahrung zusammen. Der Begriff der Erblichkeit ist selbst voller Unbestimmtheit. Offenbar sind es die Thatsachen der Zeugung, durch welche gewisse allgemeine Aehnlichkeiten, physische und geistige, zwischen Vater und Kind erhalten bleiben; alles, was darüber hinausgeht, ist stark mit Einbildung vermengt. In der Erzeugung haben wir phänomenale Verbindungen, deren Gesetzen in der Hauptsache nachzukommen ist. Die wirklichen Verbindungen jedoch sind metaphysischer Art und müssen eine vernünftige Erklärung suchen. Obgleich Spencer die Erblichkeit zum Hauptfaktor des biologischen Fortschrittes macht, ist sie doch in ganz auffallender Weise unvereinbar mit seinem System. Auf dem Boden eines mechanistischen Materialismus ist offenbar keine Möglichkeit einer inneren Ansammlung der Erfahrung vorhanden. Es ist absurd anzunehmen, dass die Materie sich eigentümliche Tendenzen aneignen und sich nach und nach, starr in der Richtung auf bestimmte Formen, wie die Erfahrung sie bietet, fortentwickeln kann. Was im günstigsten Falle möglich ist, das sind verschiedenartige Phasen der Aufeinanderfolge oder der Uebereinanderordnung. Es kann kaum behauptet werden, dass das Pendel die Tendenz annimmt, zu schwingen, oder der Hammer die Tendenz, zu schlagen. Spencer's Erklärung für den Ursprung des Nervensystems, als „Strecken des Bewusstseins", durch ererbte Tendenzen der in Bewegung befindlichen Materie, gehört schon mehr in eine wissenschaftliche Mythologie und zeigt den gröbsten Materialismus.

Thatsache ist, dass Organismen nach einem allgemeinen Typus oder Plane gebildet werden. Dieser Plan allein bleibt unter den Veränderungen der einzelnen Bildungen bestehen. Dieses bietet der ganzen mechanistischen Weise der Erklärung ungeheure Schwierigkeiten. Nach jener Hypothese wird von den koexistenten Kräften nichts Originelles von aussen her hineingebracht. Daher müssen die Formen erhalten und wiedererzeugt werden durch die Ausdauer der koexistenten Kräfte, derart dass die Typen und Anordnungen permanent bleiben*). Aber nicht nur die Erhaltung der Typen, sondern sogar der Prozess der Zeugung kann vom Standpunkt dieser Theorie nicht verständlich gemacht werden. Es ist nicht möglich, aus dem Keim oder Embryo mechanisch das entwickelte Wesen abzuleiten.

---

*) Vgl. Eucken, Grundbegriffe der Gegenwart. Art.: Entwicklung.

Die mechanischen Vorgänge sind dem Plane untergeordnet, welcher die wahre Natur der thätigen Ursache offenbart. — Der Mechanismus ist lediglich der Diener der Intelligenz. Noch grössere Schwierigkeiten erheben sich jedoch gegenüber der geistigen Erblichkeit. Hier allein können wir folgerecht von Erfahrung sprechen. Offenbar aber ist kein Geschlecht vorhanden, welches Erfahrungen macht; nur Individuen existieren. Auch ist die Natur der Erfahrung nicht derart, dass sie in Stücke geteilt und so weiter übertragen werden kann. Meine Erfahrung kann niemals die eines anderen werden; jeder muss für sich selbst Erfahrungen sammeln.

Für den Standpunkt Spencer's, nach welchem die Seele ein metaphysischer Komplex ist, ist es sicher, dass Teile dieses Komplexes fortgepflanzt werden können. Aber es entsteht die Frage, ob solcher psychologischer Atomismus nicht an sich unhaltbar ist. Damit Denken möglich sei, muss es eine fortdauernde unauflösliche Identität geben hinter den wechselnden und sich auflösenden Zuständen des Bewusstseins, welches sich ihrer als seiner Zustände bewusst ist. Die einzelnen unabhängigen Zustände des Bewusstseins können nichts von einander wissen und sind nichts, als isolierte, dem Untergange geweihte Existenzen. a, b, c, u. s. w. als aufeinanderfolgende Zustände des Bewusstseins können weder von einander Kenntnis nehmen noch irgend eine Bedeutung für einander haben, bis sie irgendwie gesammelt und vereinigt sind von A, als ihrem gemeinsamen Subjekte, welches, durch einen einheitlichen Urteilsakt, sie von sich selbst und von einander unterscheidet. Zu solch einem Urteile jedoch gehört notwendig ein einheitliches Subjekt, wie ein aus einzelnen Teilen zusammengesetzter Organismus es nicht darzustellen vermag. Nimmt man nun die Hypothese der metaphysischen Unteilbarkeit an, so können die Seelen der Eltern nicht zerteilt und dem Kinde überliefert werden. Wie sollen wir dann die Seele des Kindes erklären? Wenn unsere Schlüsse richtig sind, muss sie als ein gänzlich neuer und unabhängiger Faktor vom Weltgrunde eingeführt sein. Auf jeden Fall sind die Eltern nicht die Ursache; das Individuum kann nicht über sich selbst hinausgehen.

Die Erblichkeit giebt daher nicht eine Theorie der Verursachung, sondern nur eine Beschreibung der Anordnung. Diese Anordnung lässt sich ohne Plan und Zweck nicht wohl verstehen. Insoweit dann ein wirklicher Fortschritt stattfindet, existiert er nicht infolge der Vererbung, wie es scheinen möchte, sondern gemäss dem Zwecke, welcher dem Ganzen die Gesetze giebt.

Wenn Spencer schliesslich meint, dass sowohl der Geist wie auch die Materie der Erscheinungswelt angehören, so kann, nach dieser Auffassung, offenbar nichts beerben oder ererbt werden. Aber der eigentliche Begriff der Phänomena schliesst einen bewussten Geist als ihre Grundlage in sich und hat ohne ihn keinen Sinn. Spencer's Auffassung jedoch verlegt das Bewusstsein lediglich ins Absolute und macht die endliche Persönlichkeit zu einer Mythe. So gelangen wir denn zu einem Pantheismus von grober Form, in welchem jede Ueberzeugung der Vernunft zu nichte gemacht ist; — das ganze Problem verliert sich in Mystizismus.

Weiterhin würde unsere kritische Untersuchung uns zu einer genaueren Prüfung der Erkenntnistheorie und Metaphysik Spencer's, sowie der Gültigkeit und des Wertes seines mechanistischen Determinismus hinsichtlich der einzelnen wissenschaftlichen Disziplinen führen; doch dies würde ausserhalb der Grenzen liegen, welche unsere gegenwärtige Aufgabe uns zieht.

Wir mussten uns im Verlauf der Untersuchung gegen Spencer vorwiegend kritisch und ablehnend verhalten. Um so mehr drängt es uns, am Schluss auszusprechen, wie sehr wir die gewaltige Denkkraft dieses Forschers, seine allumfassenden Interessen und den hohen Wert vieler seiner Einzeluntersuchungen schätzen.